둠[1]

둠1

초판 1쇄 발행 2023년 8월 17일

지은이 김덕수
펴낸이 장길수
펴낸곳 지식과감성#
출판등록 제2012-000081호

교정 이주연
디자인 서혜인
편집 서혜인
검수 한장희, 정윤솔
마케팅 김윤길

주소 서울시 금천구 벚꽃로298 대륭포스트타워6차 1212호
전화 070-4651-3730~4
팩스 070-4325-7006
이메일 ksbookup@naver.com
홈페이지 www.knsbookup.com

ISBN 979-11-392-1245-7 (03810)
값 13,000원

• 이 책의 판권은 지은이에게 있습니다.
• 이 책 내용의 전부 또는 일부를 재사용하려면 반드시 지은이의 서면 동의를 받아야 합니다.
• 잘못된 책은 구입하신 곳에서 바꾸어 드립니다.

지식과감성#
홈페이지 바로가기

김덕수 안셀모
시문집

둠¹

그렇게 자꾸 시간만 흘러갔다
청명한 하늘을 찌른 아름드리 소나무가 산들바람에 흐느끼더니
겨우내 태워 둔 갈색 솔잎을 불어 냈다

목차

들어가며

그리운 선생님 · 8   너 · 12   비악산 · 17   아버지가 좋아? 아들이 좋아? · 29   이런 젠장! 왜 담가 놓기는? · 35   동행 · 40   고비 · 46   엄마의 손 · 55   받아쓰기 · 61   열한 살 이벤트 · 68   그땐 그랬다 · 78   나 원 참. 아니거든!!! · 82   지절루 · 89   배웅 · 94   옷 · 97   같은 뜻 다른 기억 · 103   파란 마음 하얀 마음 · 106   축구 소년 · 112   네가 태어나던 날은 · 114   장 안셀모가 하는 일 · 118   고마운 인연 · 120   자전거 · 122   무리수 · 125   희망 고언 1 - **자동차 바퀴 이탈 사고** · 132   희망 고언 2 - **맛있게 먹고 싶습니다** · 142   언어의 온도 · 145   필사 · 147

詩

살아진다·152 이어 짓다·153 알아요·154 겨울 거울·155 새날·156 길·157 꽃·158 애원·159 시간·160 詩-怒·161 詩-愛·163 애니버서리·165 벚꽃이 사랑한 나·166 당신의 생일을 축하합니다·167 소래 가는 길·168 호수에·170 BIGBELL@POSTECH.AC.KR·171

들어가며
…

가을엔 떠나지 말아요.
낙엽 지면 서러움이 더해요.
차라리 하얀 겨울에 떠나요.

최백호 님의 〈내 마음 갈 곳을 잃어〉란 노랫말이다. 알고 보니 최백호 님 고향이 포항이라고 했다. 나도 영일만에서 30년을 보낸 셈이니 동향이라고 해도 될까. 가까운 사이 같아 흐뭇하다.
최백호 님의 음색은 거친 듯하면서 남성적인 흐느낌이 있다. 뒤이어 곧게 오르는 소리를 많은 이들이 좋아했다.

노랫말 속에 이별을 아파하는 마음이 역력하다. 어머니를 여의고 당시의 심정을 담은 곡이라고 했다. 거리, 어둠, 안개, 가로등, 비, 걷잡을 수 없는 슬픔 그리고 갈 곳을 잃은 마음. 노랫말과 음률이 기억 속에 강하게 남아 있다. 다시 한번 부르고 들어도 참 좋다.

어느 날 '둠'이란 말이 다가왔다. 〈내 마음 갈 곳을 잃어〉란 노래에

견주어 보면 '멈춤'을 표현한 것으로 이해할 수 있겠다. 갈 곳을 잃었으니 잠시든 오래든 멈춤의 순간인 것이고, 나는 이를 '둠'이라 바꿔 말해도 좋겠다 싶었다. '마음을 둠', '시간을 둠', '사랑을 둠'.

'둠'이란 그것.
노래에서는 심정을 매개로 했으니 '멈춤'이라고 표현될 수 있겠으나, 다른 뜻에서의 '둠'은 '놓다', '얹다', '남기다'로 바꿔 탈 수 있겠다.

내게서 멈췄던 '둠'들의 이야기를 쓴다. 콕 집어 그때의 둠이 생각나서이기도 하고, 불현듯 그 더미를 헤집다 다시 기억나서이기도 하다. 복잡하게 쓰기도, 읽기도 어렵지 않게 펼쳐 놓자. 이 소소한 이야기에 공감 친구가 생겼으면 좋겠다. 아직 펼쳐지지 않은 '둠'들이 더 있다. 앞으로도 더 있을 것이다. 행복한 둠 자리 만들며 살아야지. 소박한 바람이다.

'두꺼우면 안 읽어요!'라며 책을 내라고 격려해 준 처남 그리고 책을 내기까지 관심 가져 주고 응원해 준 분들에게 감사한다. 특별히, 정성껏 교정을 맡아 준 장 안셀모 부부에게 감사한다.

그리운 선생님

　우리 집 골목길은 비가 오면 온통 진흙 범벅이었다. 오래 신어서 실밥이 너덜너덜한 구멍 난 운동화에 질퍽거리며 흙물이 새어 들어 조심스레 걸음을 옮겨야 했다. 헐렁한 신발이 두어 번 벗겨지고 나서야 연탄 공장 뒷골목 끝에 있는 집에 다다랐다.

　몇몇 반 친구들과 가정 방문을 오신 선생님. 그날따라 비는 왜 그리도 추적추적 내렸는지, 골목 어귀부터 누추한 집이 들통나 발그레해진 어머니의 얼굴을 대하시며 선생님은 '착실하게 공부도 잘하고, 운동도 열심히 하고, 교우 관계도 좋은 녀석'이라며 꼬맹이 운동선수인 나를 치켜세워 주셨다. 차범근, 이회택을 흉내 낸 엉뚱한 공놀이로 남의 집 창문을 깨고, 주인집 아들 'B'와, 같은 셋방 처지인 'S'까지 으르고 괴롭히며 매일 다툼질에 말썽만 피우던 난, 그날 선생님 덕에 썩 괜찮은 모범생이 될 수 있었다.

선생님과의 인연!

선생님은 인천 송현동 '영인라사'라는 간판이 달린 양복점 안채에 사셨다. 부친이 운영하던 양복점집 아드님이셨다. 친구들과 '영인라사'를 찾아간 건 조금 스산한 날씨의 가을 중턱쯤이었으리라. 나는 핸드볼부(당시는 '송구부'라 불렀다)에 들어가 학교 대표로 운동에 전념하던 선수였다. 마른 몸에, 햇볕에 그을리고, 얼굴에는 버짐이 솟은 볼품없는 촌뜨기였다. 같이 간 친구들과는 비교도 안 되게 정말 볼품없었다.

선생님 방은 아늑했다. 앉은뱅이책상이 놓여 있었고, 언제 읽었을까 싶은 책들이 색 바랜 책꽂이에 빼곡히 차 있었다. 선생님은 새까맣게 땟물이 흐르는 손에 손수 깎은 과일을 쥐여 주시고 따뜻한 차도 건네주셨다. 그리고 재바른 손으로 난생처음 보는 전축을 열어젖히며 검정 판을 올려놓으셨다. 마술사처럼.

"며칠 전 음악 시간에 배운 '로시니'의 '윌리엄 텔 서곡'이다."

녹음기 하나 변변히 없던 시절, 잘은 몰랐지만 그 음악은 '베토벤', '모차르트'와 비교될 수 없는 세상에서 가장 유명한 곡이었다는 생각이 지금도 든다. 악장 사이를 힘 있게 설명하면서 지그시 눈을 감던 선생님. 정말 존경할 수밖에 없는 귀인이셨다.

"책을 많이 읽어라. 바르게 살아라. 매사에 성실히 임하고 최선을 다해라."

5학년 종업식 날. 늘 그랬듯 선생님은 참된 가르침을 똑같이 되풀이하셨다. 모든 반 친구에게 예쁘게 포장한 손 편지를 일일이 건네주시며 별명까지 붙여 주신 분. 선생님과 짧은 인연은 그렇게 끝이 났다.

아내와의 결혼식.
성당의 종소리가 우리의 결혼을 축복하던 그해 5월. 일생에 가장 멋지게 차려입은 그날, 성당 계단을 오르시는 연세 지긋한 그 옛날 나의 선생님. 너무 놀란 나머지 허리를 굽힐 새도 없이 다가선 나를 멀뚱거리며 바라보시던 선생님은 어렴풋이 기억을 더듬으시다가 환한 웃음으로 내 두 손을 잡으셨다.

"선생님, 안녕하세요. 여긴 웬일이세요?"
"넌 웬일이냐?"
"저, 오늘 결혼합니다."
"그럼, 오늘 결혼하는 사람이 너냐?"
"그렇습니다."
"허! 그거참, 반갑구나! 내가 오늘, 네 결혼식 사회를 보게 됐구나. 허허허."

선생님은 가톨릭교회 '혼인 성사'의 봉사자셨고, 간간이 성사받는 이들을 돌보셨다고 했다. 그사이 머리가 많이 하얘지신 선생님, 한 해의 짧은 인연 후 스무 해가 지나, 아내와의 필연에 요술처럼 나타나신 선생님. 그날 난 20년 만에 선생님의 호령을 받고 입장했다.

"신랑 입장!!!"

선생님 전 포항에 살고 있습니다. 얼마나 무심한 제자입니까. 용서하세요.
그리운 선생님! 아직도 고사리 같은 친구들 손을 잡으시고 '윌리엄 텔 서곡'을 설명하고 계십니까?

딸아이 유치원 스승의 날 부모 숙제를 해 준 글이었는데 포스코교육재단 백일장 우수상이 되었다.

… 너

올해로 포스텍과의 인연이 20년이 됐습니다. 많은 학생이 입학하고 졸업하면서 스무 해가 지난 것이니 짧은 세월이 아닙니다.

처음 학교에 들어서던 날, 나를 맞아 준 포스텍 교정은 놀라운 정경이었습니다. 계절의 여왕이라는 5월이었고, 영산홍과 싱그러운 가로수가 햇빛을 품고 붉고 푸르게 빛나던 때였습니다. 지금도 영산홍과 초목들은 같은 자리에서 젊음의 빛을 발하고 있는데, 어느새 나만 하얀 세월을 머리에 얹었습니다.

그동안 많은 학생과 인연이 있었습니다. 그들과 어울려 인생을 논하던 일이 기억납니다. L 군, K 군, P 군. 축제 때가 되면 뭐 그리 할 말이 많았는지 연거푸 이틀 밤을 지새우고 여명을 안고서야 자리에서 일어난 일도 있었습니다. 그렇게 세월이 흘렀고, 계속 새로운 얼굴들을 맞으며 그들의 젊음과 열정, 꿈들을 읽었습니다.

얼마 전 J 군이 어여쁜 예비 신부와 찾아와 주례를 부탁했습니다. 그러고 보니 J 군도 5월에 결혼했고, 나도 5월에 했으니 5월과 인연이 참 깊습니다. 아직 주례할 연배가 아니라고 생각했던 내게는 청천벽력이었지만 거절할 수 없었습니다. 그제야 내가 살아온 인생과 그들에게 남겨 줄 이야기에 대해 깊은 고민을 하게 됐고, 그 고민은 '**삶이란 무엇인지**'에 대해 생각하면서 시작되었습니다.

삶이란 무엇일까.
이 물음에 대해 생각해 본 적이 있는지요. 정해(正解)를 찾는다는 것이 쉬운 일은 아니지만 한 번쯤 생각해 볼 만합니다.

1998년 2월 겨울 막바지, 새내기 새 배움터 일환으로 신입생 300명을 데리고 음성 꽃동네를 다녀온 적이 있습니다. 처음 가 본 그곳은 지체가 불편한 사람들, 무의탁 어르신들과 임종을 앞둔 노인들, 알코올 중독 환자들, 심지어 영유아에 이르기까지 사람들의 이기심으로부터 버려진 사람들이 사는 곳이었습니다. 그곳에서 신부님이 학생들에게 던진 한마디가 있었습니다.

'**행복한 삶이란 무엇인가?**'
몇몇 대답들이 오갔지만, 그야말로 막연한 질문이었습니다. 철학적 담론은 이른 나이였을까요. 학생들은 신부님의 답에 다가가지 못했습니다.

'행복한 삶이란 만족한 삶'이라는 것이었습니다.

'음성 꽃동네' 얘기를 하려는 건 아닙니다. 신부님의 물음에서 비롯된 '행복'과 '만족', 궁극적으로 삶의 의미와 **'내가 존재하는 이유'**와 **'살아가는 이유'**에 대해서 어떻게 정의하는 게 좋을까 하는 마음에서입니다.

우리는 '세계(世界)', '세상(世上)'이라는 말을 씁니다. 내가 살아가는 지구상의 모든 나라, 인류 전체를 표현하는 말입니다. '우리가 사는 세계', '우리가 사는 세상'이라고도 씁니다. 중요한 것은 중심 말이 '인간(世)'이라는 것입니다. 바꾸어 말하면 **'사람 사는 세상'**이라고 쓸 수 있겠습니다. 결국 '세상은 인간이 중심이다'라고 귀결한다면, '인간'이라는 존재 가치와 그 속에서 내가 살아가는 이유를 찾을 수 있어야 한다고 생각하는데, 여러분은 **'이 세상에 내가 존재하는 이유'**가 무엇이라고 생각합니까. 저는 여기서 '나'라는 인간의 존재와 가치를 '너'에게서 찾으려는 것이고, 삶의 의미와 이유 또한 '너'로부터 찾으려는 것입니다.

안도현 님의 《연어》에 '초록 강'과 '은빛 연어'가 주고받는 대화가 나옵니다. 글귀가 너무 좋아 외우고 다닐 정도였는데요.

"별이 빛나는 것은 어둠이 배경이 되어주기 때문이고,
꽃이 아름다운 것은 땅이 배경이 되어주기 때문이야.
그리고 연어 떼가 아름다운 것은 서로가 서로의 배경이 되어주기 때문이지."

설명을 보태지 않아도 삶에 대한 의미와 행복에 대한 의미, 삶에서 내가 존재하는 이유가 간결해집니다. 감상적인가요.

2000년에 개봉한 〈캐스트 어웨이〉라는 영화가 있습니다. 유명 배우 '톰 행크스'가 주연한 영화입니다. 극 중 '척 놀랜드(톰 행크스 분)'는 세계 굴지의 수송 회사인 'FEDEX'의 잘나가는 직원입니다. 어느 날 회사 비행기에 탑승해 태평양을 날아가다 추락해 무인도에 홀로 남겨지게 됩니다. 4년의 무인도 생활에서 겪는 주인공의 심리를 통해 인간의 모습을 그려 낸 영화입니다.

영화 초반 주인공은 무인도에 아주 잘 적응하는 영특한 인간의 모습으로 그려집니다. 그러나 시간이 지나면서 주인공은 무망(無望)과 절망, 절대 고독의 시간 속에서 괴로워합니다. 세상에 나 혼자 존재한다는 것에 대해 외로움을 넘어 두려움을 느낍니다. 그러던 중 우연히 대상을 만들게 됩니다. 함께 떠내려왔던 배구공에 자기 피로 얼굴을 그려 넣고 '윌슨'이라 부르며 친구로 삼습니다. 생명체를 대하듯 매일 '윌슨'을 바라보며 진지한 대화를 나눕니다. 때로는 질문과 답으로, 넋두리로, 때로는 논쟁하고 싸우며 애증을 교차하는 인간 본성이 묘사됩니다. 주인공은 윌슨과 함께 탈출에 성공하지만, 망망대해에서 윌슨을 놓쳐 버리고 오열합니다.

영화 이야기긴 하지만, 어떤 이유에서든 나도 무인도에 홀로 남겨지게 된다면 어떨까요. 영화 속 주인공과 비슷한 인간의 모습이 될 것입니다. 나 혼자뿐인 절망의 섬에서 구조에 대한 염원보다 누군가인 '너'를 더 갈망하게 될 것입니다.

내가 이 세상에 존재하는 이유가 바로 '너'가 있기 때문이라고 한다면 억지일까요. 이 의미를 새겨 지금의 '나'를 바라봅시다.

나에게 '너'는 누구일까요. 세상에 태어나던 순간 '엄마'와 '아빠'도 나에게는 '너'이고, 형제들도, 친구들도, 선생님도, 국민도, 직장 동료도, 세계 속의 사람들도… 그리고 이다음의 나의 아기도….
지금 여러분 곁에 있는 '너'를 둘러보십시오. 그리고 여럿을 모아 보십시오. '우리'가 되고, '우리가 사는 세상(世上)'이 됩니다. 어김없이 그 안에 내가 있습니다. 그리고 세상 속에서 '너'를 위한 나의 도구를 찾을 수 있습니다.

'사랑'합니다!!!

기계공학과 행정팀장 시절, 학과 동문 수필집 발간에 원고 요청을 받고 쓴 글이었는데, 발간 시점 공교롭게 주거운영팀장으로 발령이 나면서 해당 목차에서 제외되었다.

··· 비악산

1.

"헉! 헉! 아버지! 거의 다 왔어요. 이 고개만 넘으면 돼요."
"허-억! 허-어어 헉!"

아들 뒤를 따르는 아버지의 숨소리가 점점 거칠어졌다. 아버지는 아들이 뒤를 돌아볼 때마다 흘겨보다 못해 얼굴만 붉으락푸르락했다. 말을 잃고 화가 나신 건 벌써부터다. 당신 혼자라도 도로 내려가겠노라고 할까 봐 아들은 조마조마했다.

사실은 아들도 이상했다. 불과 얼마 전, 한 주 간격을 두고 두 번씩이나 다녀간 산이었기 때문이었다. 이렇게 멀었던 게 맞는 것인지, 고갯마루가 이렇게 여럿이었는지, 산을 오르는 내내 아들은 아버지께 송구한 마음과 그래도 '이 정도는 아니었는데'라는 착각을 가장한 변명이 교차했다.

상황은 되돌릴 수 없었다. 아버지는 여전히 말씀 없이 아들 뒤를 따랐지만, 아들 귀에 들려오는 숨소리와 극도의 파열음은 아들 가슴을 처절하게 했다.

"허-어허, 헉! 아니, 도대체…, 도대체…, 어디까지 올라가는 거여. 참 나…. 허-억, 허-억!"

기력을 다하는 아버지의 말은 숨소리가 꺾일 때마다 사잇소리로 눌리고 끊겨서 마치 늘어날 대로 늘어난 녹음테이프 같았다. 아들은 아까와 같은 생각을 되풀이했다. '정말 이렇게 멀었나? 이상하다!'

"아버지! 조금만 더 가면 돼요. 이제 다 올라온 거 같아요."
"다 온 겨? 허-억, 허-억!"

그런데 한참을 올라온 거 같은데 겨우 오름 하나를 디딘 셈이었다. 산세가 이상하다. 정상이 한눈에 들어왔다가 없어졌고, 정상인 줄 알고 올라오면 또 다른 오름이 서 있었다. 설령 그렇다 치더라도 이렇게 길었다거나 힘겨웠다는 느낌은 아니었던 듯한데, 어쨌거나 또 다른 오름이 나타나자 아들은 겸연쩍게 웃으며 너스레를 떨었다.

"어쩌죠? 아버지, 죄송해요. 그런데 진짜 이상해요. 전에 왔을 때는 이 정도는 아니었는데."

아버지도 다시 나타난 산을 마주했지만, 꼭 그곳까지 가야 하는 건 아니며, '이렇게 힘들게 올라왔는데, 저 산마저 올라가자는 건 아니겠지'라고 생각하는 듯 바위에 걸터앉았다.

아내는 길잡이처럼 진작에 앞서갔고, 딸아이는 어린이집 소풍인 양 할머니 걸음을 놓치지 않고 잘도 따라갔다. 아들은 그렇게 앞서가는 어머니와 딸아이를 응시하다가 뒤처지는 아버지를 가늠하면서 닿지 않는 팔을 펼치며 조절하듯 잘 올라왔는데, 벌써 숲길 사이로 멀어져 간 가족을 두고 하산할 수는 없었다. 아들은 다시 나타난 정상을 올려다보다가 좀 더 가 보자는 얘길 어떻게 해야 하나 고민했다.

"아버지! 엄마 걷는 거 보세요. 엄마는 매일 아침 걷고 운동을 하니까 저렇게 잘 가잖아요. 아버지는 운동을 아예 안 하시니까 힘든 거예요."
"……."

아침 산책이라도 하시라는 아들 말에 아버지의 대꾸는 늘 같았다. '아니, 들개 새끼처럼 왜들 싸돌아다녀! 내가 운동을 왜 안 해! 진종일 왔다 갔다, 이 일 저 일 하면서 얼마나 많이 움직이는데! 그만하면 운동이지 꼭 돌아댕겨야 운동이란 말여?'

아들은 지칠 대로 지친 아버지 표정을 살폈다. 아버지는 숨을 고르면서도 여전히 말씀이 없었다.

2.

우리 가족이 '비학산'을 오르게 된 건 엉겁결에 감행한 번개 등반이었다.

불과 얼마 전 직장 동료들과 조직 활성화 차원에서 올랐던 산이었다. 사전 답사를 위해 한 주 앞서 올랐고, 당일 산행에 이어 가족들과 함께하는 오늘까지 세 번째였다. 산세가 완만해서 부담이 적고, 특히 정상에서 내려다보는 바다와 풍광이 이를 데 없이 희열감을 주는 곳이었다.

그날 아침 식사를 하면서 아들이 말했다.

"아버지, 산에 놀러 가실래요? 공기 좋고, 경치 좋고, 시원하고, 정말 좋은 곳이 있는데."
"그래, 좋다. 가자!"

선뜻 대답은 어머니가 먼저 했다. 아버지는 말없이 숭늉만 홀짝이셨다.

"예? 아버지! 어떠세요. 산도 별로 높지 않고, 공기도 좋고 정말 좋아요. 엄마도 한참만에 건강을 찾았는데 마실 겸 가시지요."
"······."

부모님이 포항까지 와 머무르게 된 건 어머니 때문이었다. 두 분은 천안에서 손녀딸들을 돌보며 사셨는데, 어느 날 어머니가 중병이 났다. 감기 끝에 고열과 기침이 멈추질 않았고, 급기야 동네 의원 신세를 지다가 차도가 없어서 큰 병원으로 이송되었다. 패혈증 진단까지 받고 죽음 문턱까지 갔다가 가까스로 처방이 주효해 회복하였다. 이후 요양차 아들 집에 와 얼마간 쉬었다 간다는 것이 반년을 넘겼고, 급기야 옥탑방 하나를 얻어 눌러앉으셨다. 어머니는 큼직한 못을 끼고 있는 '청송대'라고 불리는 산책로에 매료되어 매일 아침 산책을 겸해 운동을 즐기면서 놀라울 정도로 건강을 되찾았다.

"아버지! 아버지도 엄마처럼 조금씩 운동 좀 하시죠. 청송대 산책길 정말 좋아요."

"……."

그랬다. 아버지는 운동에 관해서는 조선백자, 아니 고려청자다. 농이건 장이건 놓인 자리 그대로, 앉힌 그대로 자리를 지키는 도자기 같다. 아버지는 성당에 가거나 약속이 있거나 하지 않고서는 목적 없이 잘 움직이지 않았다.

어쨌거나 그날 아침은 그렇게 아들 억지에 마지못해 따라나서긴 했는데, 비학산행은 팔순을 목전에 둔 아버지에겐 위기의 산행이 되었다.

3.

계속해서 땀을 훔쳐 내는 아버지 얼굴에 홍조가 번졌다. 결국 아버지는 낙담했다.

"나는 여기서 내려갈란다. 너희끼리나 올라갔다 오너라."

아들은 진즉 앞서간 가족을 생각하니 더 초조해졌다. 말씀대로 그냥 아버지만 모시고 내려가야 하나, 그래도 잘 말씀드려서 얼마 남지 않은 정상이니 가시자고 해야 하나.

아버지 이마에 땀이 식어 갈 무렵 아들은 여러 사정을 섞어 아버지에게 말했다.

"아버지! 엄마는 벌써 앞서갔고, 저기가 정상이긴 하지만, 요기만 벗어나면 그렇게 가파르지 않아요. 지금까지 올라온 길보다 더 완만하니까 조금만 힘을 내서 마저 올라가시죠."
"……."
"네? 아버지! 조금만 더 가면 되는데 여기서 내려가시면 어째요. 엄마도 걱정되고…."
"……."

아버지는 단단히 화가 난 듯했다. 그렇게 아들과 시간을 보내던 아버지가 결국 숨을 고르다가 얘기하셨다.

"그럼, 나는 여기서 기다릴 테니 너만 올라갔다 오너라. 여기서 기다리마."

"아니…, 그래도 그렇죠. 어떻게 아버지만 두고 가요. 그럴 수는 없고, 정말 조금만 더 가면 되니까 같이 올라갔다가 함께 내려오자고요."

"……."

"네?"

"……."

"네? 그렇게 하시죠. 아버지!"

그렇게 자꾸 시간만 흘러갔다. 청명한 하늘을 찌른 아름드리 소나무가 산들바람에 흐느끼더니 겨우내 태워 둔 갈색 솔잎을 불어 냈다.

아버지는 여느 등산객이 두고 간 막대기를 짚고 일어섰다. 아들도 벌떡 일어섰다. 아버지는 말없이 가족들이 앞서간 길을 따라 걷기 시작했다. 아들은 죄송한 마음과 감격의 뭉클함을 담아 아버지 팔을 잡고 거들었다.

"치아라!"

4.

드디어 정상이 보였다. 아들 말대로 첫 번째 오름보다는 완만하긴 했다지만, 산은 산이어서 아버지로선 극한 행군이었다. 아내와 딸아이는 참외 한입을 물고 있었고, 어머니는 바다를 내려다보며 당신만의 체조를 하고 있었다.

"아버지! 드디어 정상입니다!"

아들이 반갑게 돌아보며 아버지에게 말했다. 그런데 아버지는 불과 정상을 수 미터 앞두고 방랑 시인처럼 나무 지팡이만 짚고 서 계셨다.

"이제 됐으니, 나 먼저 내려갈란다."
"아니, 아버지! 아버지!"
"에구, 아버님! 좀 쉬셨다 가세요. 참외도 좀 드시고요."

아버지는 화풀이하듯 나무 지팡이를 비학산 정수리 여기저기에 꽂으며 내려가셨다. 얼마간의 시차를 두고 나머지 가족들도 하산길에 들었다. 이상야릇한 기분이 든 건 그때였다. 비학산을 아는 이들은 안다는 그 갈림길. 갑자기 아들 등골에 식은땀이 솟았고 얼굴에 싸늘한 기운과 소름이 돋았다.

"여보! 좀 이상한 느낌이…"
"왜? 뭔데?"

아들 발걸음이 빨라졌다. 아내도 급하게 다가서며 말했다.

"왜? 무슨 일인데 그래."

"저기 말이야. 조금 내려가다 보면 갈림길이 나오거든. 하나는 우리가 올라왔던 길이고, 또 하나는 암벽 사이로 내려가는 길인데…, 그 길이…."

"그 길이 왜?"

"줄을 잡지 않으면 내려갈 수 없는 길이야."

"잉?"

미처 생각하지 못했다. 혹시라도 아버지가 그 길로 내려섰다면. 그도 그럴 것이 누구라도 먼저 보이는 길을 택하기 쉽고, 지칠 대로 지친 아버지가 당신이 올라왔던 길이 그 길이려니 착각하신다면…. 조금 전에 바다를 향해 외쳤던 '야호' 소리보다 더 큰 비명이 아들 머릿속에서 움부짖었다. 이윽고 아내가 나를 추월해 달렸다.

"내가 먼저 따라가 볼 테니, 자기는 엄마 모시고 천천히 내려와."

그나마 갈림길은 아버지가 첫 번째 오름에서 하산을 갈등하던 곳과 만난다. 아들은 자기 예감이 확정적 판단으로 점철되자 기분이 씁쓸했다. 서둘러 갈림길 종착지에 도착했다. 그러나 아내 모습만 눈에 들어왔다.

"아버지는?"

"아직 안 내려오신 거 같아. 우리가 올라왔던 길로 내려갔다면 아무리 빨라도 나보다 먼저 내려오진 않았을 거야. 결국 암벽 길로 내려오시는 거 같네."
"다치진 않겠지. 큰일이네. 어디쯤 오시는지. 안 되겠다. 내가 올라가 봐야겠어."

그때 느릿한 걸음으로 아버지가 나타났다.

"할아버지!"

딸아이가 마중하듯 다가갔다. 아들과 아내도 반갑게 다가서며 아버지를 맞았다. 아버지는 아무 말 없이 아까 앉았던 그 바위에 앉았다. 아버지는 심하게 몸을 떨었다. 이마에 맺힌 땀방울은 땀샘마다 솟구쳐서 송골송골하다 못해 굳어 버린 촛농 같았고, 얼굴은 하늘색 물감으로 세수를 한 것처럼 보였다.

"아버지! 괜찮으세요?"
"……."
"아버님! 괜찮으세요? 어디 다친 데 없으세요?"
"괜찮다~ 휴~"

5.

모름지기 한 번쯤 암벽을 타고 비학산을 올랐던 이라면 알 만한 그 길을 팔순에 다다른 노인이 줄을 타고 내려온 것이니, 누구라도 권하지 않을 그 길을 그렇게 힘겹게 내려왔을 것을 생각하니 아들 가슴이 둔탁하게 뛰며 뭉클해졌다. 아버지는 서서히 안정을 찾았다.

"아니, 그 길을 어떻게 내려오셨대? 젊은 사람들도 쉽지 않은 길인데."
"……."

아들은 스파이더맨 팔을 잡고 기뻐하듯 아버지 팔을 주물렀다.

"말도 마라. 내려오는데… 후유~~ 사람들이… 휴~ '아니 할아버지가 어떻게 이 길로 내려오느냐고…' 휴~우~"
"그러니까요!"
"내가 팔이 떨리고 다리가 후들거려서… 휴~우~"
"그러게요. 당연하죠."
"간신히… 간신히 내려왔다. 휴~~~"

아버지는 여전히 놀란 얼굴이었지만, 아들 얼굴엔 미소가 번졌다. 어찌 됐든 무사히 내려온 아버지가 뿌듯했다. 일부러 권한다 한들 하실 분이 아니란 걸 알고도 남는데, 그 옛날에나 해 봤을 법한 유격 훈련을 다시 해낸 노익장에 뿌듯함이 묻어났다.

아버지는 다리를 제대로 가누질 못했다. 내리막길을 내려서는 걸음마다 나무 지팡이에 매달리다시피 했다. 드디어 대나무 숲이 보였다. 거의 다 내려온 셈이었다. 아버지는 울퉁불퉁 그마저도 순조롭지 않은 막바지 돌계단을 겨우겨우 내려서다가 마침 뒤돌아본 아들에게 외쳤다.

"그냥, 거기에 구덩이 파라! 지금 바로 들어갈란다! 그냥 끌어 묻고 가!"

한바탕 웃음바다가 됐다. 진짜 마지막 하산길이다. 대나무 숲을 지나면서 누구랄 것 없이 늘어진 가지에 고개를 숙였다. 아들이 말했다.

"아버지! 아버지, 좋아하는 돼지갈비 먹으러 가요! 정말 맛있는 집 있거든요."

혹자는 포항의 '비학산'을 '비악산'이라 부른다.
정상에서 동해가 한눈에 보이는 절경을 감상할 수 있다.
아버지는 산행 후 일주일을 앓으셨다고 했다.

아버지와 어머니는 달포 후 경주 남산을 한 번 더 올랐다.
밉살스러운 아들 너스레가 한 번 더 작동했다.
알 만한 이는 아는 삼릉-암자-정상 구간이다.

… 아버지가 좋아?
아들이 좋아?

이제 '안강'은 우리 마을이다. 그전에는 가끔 들를 때마다 좀 복잡하다고 느꼈었다. 들쭉날쭉 갓길에 주차된 차를 피하면서 그랬고, 장날과 겹칠 때면 요리조리 트위스트 운전을 해야 했다. 지금은 안강이 무척 살갑다. 복잡한 느낌은 정겨움이 됐고, 장터 사람들과 부딪히는 어깨도 흥겨운 춤사위가 됐다.

"여보, 읍내 좀 다녀오겠소."

툇마루에 앉아 마름질하는 부인에게 구태여 대꾸는 안 해도 된다는 듯 말뭉치를 던지고 나서는 〈전원일기〉 김 회장처럼, 나도 이따금 아내에게 그렇게 재미 삼아 흥겹게 말을 던지고 찾는 마을이다. (《전원일기》: 오래된 MBC-TV 인기 드라마. 김 회장=최불암 님)

할아버지는 손녀딸이 호주로 떠나기 전에 같이 저녁을 먹자 했다.

매번 뭘 먹을까 고민하는 건 내 담당이지만, 기름진 고기를 중단한 아버지, 지난한 당뇨 때문에 진즉 입맛을 잃은 어머니로 인해 무엇을 먹을지 더 고민되었다. 우리 내외야 아무거나 잘 먹기에 결국 손녀딸이 외친 안강읍 단골 '등뼈찜' 한 판을 먹기로 했다.

 아버지, 어머니는 점점 쇠약해져 가고 있다. 어머니는 식사 내내 먹는 둥 마는 둥 했다. 여든여섯 고개까지 잘 넘었건만, 이젠 한 굽이도 힘겹다는 얘길 요즘 들어 자주 했다. 그래도 오늘 아침엔 청송대 숲길을 거닐었을 것이고, 철봉에도 매달리고, 큰 나무에 등을 부딪치며 어김없이 100을 셌을 것이다.

 "엄마는 아버지가 좋아? 아들이 좋아?"

 손녀딸이 운전하는 차 앞자리에 앉아 아들이 고개를 돌려 물었다.

 "뭔 소린지 안 들겨!"

 불현듯 묻는 소리에 늘 한 번쯤 쉬어 가는 대꾸다. 아내가 옆자리에서 나직하게 통언을 했다.

 "아버지하고 아들하고 누가 더 좋으냐고요?"

어머니는 잠시 생각하는 듯했다. 선뜻 대답을 못 하는 건 처지를 바꿔 생각해도 참 재미없고 어이없는 질문이잖은가. 겨우 입을 떼면서 이제부터 좀 살아 보겠다고 '물', '맘마', '쉬'를 구분하는 아가에게 '아빠가 좋아?, 엄마가 좋아?'라고 묻거나, 그도 아닌 것이 좀 더 자라서 뜀박질하고, 아프다거나, 슬픔이란 걸 조금씩 깨우치기 시작하는 아이에게 똑같은 질문을 던진다는 것이 얼마나 의미 없는 짓인지 알면서 우린 습성처럼 대물림한다.

"말해 뭣해, 아버지가 좋지!"

아들은 장난기가 발동했다.

"아들보다 아버지가 좋다고? 아들하고 더 오래 살지도 모르는데?"
"너희들이 뭐라 해도 자식보다 아버지가 좋다."
"아버지는 어떠세요? 엄마가 좋아요? 아들이 좋아요?"

아들은 본격적으로 돌아앉아 이젠 아버지에게 물었다.

"뭐라구? 시끄럽다!!"

웃음바다가 됐다. 제법 운전 실력이 좋아진 손녀딸이 모는 차가 안강인터체인지를 돌고 있었다.

"미운 정 고운 정 해도 영감이 좋은 거다. 가려운 등을 내밀어도 그렇고, 밥 먹다가 음식을 흘려도 그렇다. 귀가 어두워 말귀를 못 알아들어도, 냅다 소릴 질러도 그렇다. 반찬이 짜네 어쩌네 해도 영감이 좋은 거다. 내가 영 일어나지 못할 때까지 영감하고 살란다."

어머니는 창밖으로 고개를 돌렸다.

"어서, 죽어야 하는데…."
"또, 그 소리!!!"
"나는 기도도 어찌하는지 모른다. 하느님도 잘 모르겠고. 그저 너희 할머니가 그랬던 것처럼 그냥 따라하는 거다. 그저 죽을 때, 너희 할머니처럼만 죽게 해 달라고."

외할머니는 구십 해를 넘어 사시다 소천하셨다. 마리아 할머니는 돌아가실 때까지 수십 년을 우리 집에 사셨고, 늘 새벽마다 촛불을 밝히고 하루도 안 거르고 기도하셨다. 어느 날 내가 물었다.

"할머니! 할머니는 무슨 기도를 그렇게 하세요?"

할머니는 안경 너머로 싱긋 웃으셨다.

"내가 뭔 기도를 알겠니. 그냥 하는 기지."

한참 세월이 흐르고 집 안 대청소를 하던 어느 날, 마루에 있던 그릇장 안에서 술 한 병이 나왔다. 한잔할까 하는 데 마리아 할머니가 말했다.

"나도 한잔 주렴."

할머니는 강냉이를 안주 삼아 청주 한잔을 마셨다. 그리고 얼마나 시간이 흘렀을까 할머니는 울기 시작했다. 갑자기 맞닥뜨린 상황. 어찌할 바를 모르고 있는데, 할머니와 어머니는 울음 반, 웃음 반 옛날이야기를 주고받기 시작했다. 몇 번씩 들었음 직한 그 이야기들이 또 그렇게 쏟아졌다. 죽지도 않고 사위 집에 신세 지고 산다는 이야기며, 사위 앞에서 밥을 먹을 때, 욕실에서 물을 쓸 때나 모든 행동거지를 조심조심한다는 마음이며, 앞서 돌아가신 할아버지에 대한 원망부터 온갖 옛날이야기를 서로 바통을 넘겨 가며 끝나 갈 즈음 마리아 할머니가 말했다.

"내가 왜 성당에 다니는 줄 아니? 내가 뭐라고 기도하는 줄 아니?"

어머니와 나는 마리아 할머니를 바라봤다.

"내가 죽을 때……, 제발 우리 사위 힘들지 않게, 꼭 하루 만에 데려가 달라고 기도한다."

"……."
"……."
"그렇게 기도한다. 10년이 넘었다."

할머니는 돌아가시기 직전까지 당신 힘으로 화장실을 다녀오셨다고 했다. 더듬더듬 끝까지 기력을 잃지 않고 다녀와서 잠이 드셨을 것이다. 어머니가 할머니 방을 찾았을 때, 할머니는 가장 평온한 얼굴로 주무시고 계셨다고 했다. 머리맡에는 깨끗하게 개킨 끝내 갈아입지 못한 당신 속옷 한 장이 놓여 있었고.

어릴 때 놀러 갔던 할머니 집이며, 내가 잘 먹는다며 도라지무침에 김을 얹어 주던 할머니. 아직도 기억이 새록새록 떠오른다. 그런 할머니에게 철없던 나는 새벽마다 켜는 촛불 연기가 싫어서 투덜대며 짜증을 냈었다.

차 안에서 바라본 강물 위로 동그란 안경을 쓴 마리아 할머니 얼굴이 떠올랐다. 짐짓 이번엔 아내에게 물었다.

"여보! 당신은 남편이 좋아? 딸이 좋아?"
"난, 딸이 더 좋다! 호호호!"

이런 젠장!
왜 담가 놓기는?

1.
미사 말미, 신부님이 말했다.

"어버이날을 맞아서 어르신들에게 꽃을 달아 드리려고 합니다."

신부님은 당신 특유의 어린이 웃음을 지녔다. 그 웃음소리를 중간 중간 섞어 가며 말했다.

"70세 이상이라고 (웃음) 생각되는 분들은 (웃음) 앞으로 나와 주시기 바랍니다."

작은 웅성거림이 일었다. 사람들이 앞뒤를 돌아보며 두리번거렸다. 나와 아내와 딸아이가 동시에 아버지와 어머니를 응시했다. 어머니는 영문을 알아차리지 못하고 도리어 내 눈을 바라보며 왜 그러냐는 표정이었다.

"신부님이 어버이날 꽃을 달아 드린대요. 어서 나가 보세요."

아버지도 같은 눈총을 받자 적잖이 수줍어했고 아들 통언에 낯을 붉히셨다. 이내 어머니는 '에이, 싫여!'라고 수줍은 듯 속삭였지만 실제로는 비장한 거역이었다. 주변 권유를 이기지 못한 어르신들이 여기저기서 나가셨다. 예전과 별반 다르지 않게 이런 이벤트에 적응하지 못하는 우리 어머니, 끝내 떠밀리다시피 나가셨다.

'아버지 어머니 뒷모습을 본 게 언제였더라?'

앞으로 향하는 두 노인의 어깨를 바라보다 보니 조금 전까지 '재밌어라' 하던 아들 미간이 일그러졌다. 두 분 어깨에 걸쳐진 삶의 무게가 한꺼번에 보태져서 아들 심장을 눌렀다.

"할머니 표정이 시큰둥해."

꽃을 달고 돌아오는 할머니 표정을 보고 손녀딸이 말했다.

"낳으실 제 괴로움 다 잊으시고
진자리 마른자리 갈아 뉘시며
앓을 사 그릇될 사 자식 생각에~"

누구랄 것도 없이 모든 이의 부모인 그분들 표정마다 흐뭇하거나 고난한 흔적이 선명하게 드러나 보였다. 성가대 노래를 따라 부르면서 뭔지 모를 묵직한 애틋함이 가슴 한편에서 몽글거렸다.

2.
아내와 나들이를 가기 위해 마당을 나섰을 때, 아내가 뭔가 기억난 듯 가방을 열었다.

"아, 맞아! 아까 아버지가 준 카네이션!"

성당을 나서면서 곧바로 쑥스럽다며 며느리에게 맡겨 둔 아버지 꽃. 아내는 꽃을 내게 건넸다. 나는 바쁜 나들이 걸음을 되돌려 현관문을 열고 바닥에 살포시 놓아두었다.

5월마다 어머니 가슴에 피는 꽃!
장미보다 진한 사랑을 닮은 아버지 꽃!
어머니 가슴을 파먹고 자라서 아버지 가슴을 멍들게 한 꽃!
어느 자식에게나 같은 크기, 같은 넓이를 가진 어버이 꽃!
한 해를 살며 단 하루를 빌어 겨우 진정한 감사를 담은 꽃!

3.

땅거미가 질 무렵 아들과 며느리가 집으로 돌아왔다. 아들은 식탁 위에 놓인 그 꽃을 발견했다. 아들이 애용하는 스테인리스 작은 술잔에 물을 받아 예쁘게 담긴 아버지 꽃! 아들은 즐겁게 웃었다.

"예쁘다 예뻐! 정말 예쁘다!"

뒤이어 다가선 아내에게도 그 꽃을 가리켰다.

"예쁘지?"
"정말 예쁘다. 누가 이렇게 예쁘게 꽂아 놨대?"

아들 며느리는 고개를 돌려 소파에 앉아 있는 어머니를 바라보았다.

"아니, 글쎄. 아까 보니까. 할아버지가 욕실 양치 컵에다가 그 꽃을 담가 놨더구나. 그래서 내가 '아니 꽃을 왜 양치 컵에다가 담가 놨어!' 하고는 건져서 다시 거기다 담아 놓은 거다. 아니 글쎄, 왜 꽃을 양치 컵에 담가 둔다니."
"하하하하, 호호호호!!"

아내와 나는 한바탕 웃었다. 그리고 아들이 말했다.

"엄마! 이 꽃은 물을 먹는 꽃이 아니에요."
"잉? 물을 안 먹어? 그럼 뭘 먹어?"
"이 꽃은 조화거든요. 잎사귀는 천으로 만든 거고요."

아내의 부언에 어머니 얼굴이 웃었다. 호호호호! 멋쩍은 할머니 웃음소리.

"그래? 에구! 난 그것도 모르고 꽃이 아까워서 담가 놨구나. 그랬구면. 아니 영감은 왜 꽃을 양치 컵에다 담가 놨대 그래."

낌새를 알아차린 아버지가 목소리를 높였다.

"아, 이런! 젠장! 왜 담가 놓기는. 죽지 말라고 담가 놨지!!!"

쑥스러운 꽃이 더 싱그럽게 서 있다. 영원히 지지 않을 꽃으로 곧게 서서 아버지 마음처럼, 어머니 마음처럼, 아들 며느리 마음처럼 영원히 그 자리에 있어 주렴.

… **동행**

1. 작업치료실

"할머니, 집 주소가 어떻게 돼요?"
"응? 주소?"
"예! 할머니가 지금 사는 집 주소 한번 말씀해 보세요."
"……."

어머니 시선이 평소보다 조금 높은 곳에 다다랐다. 그리고 생각했다.

'집 주소….'

집 주소를 잊고 산 지 얼마인가. 충주에서 안양으로, 서울로, 부평으로, 인천으로. 아버지를 따라다닌 세월이 얼마였나. 어머니는 집 주소 얘기에 갑자기 구십 인생 반을 접어 더듬는 듯했고, 지금은 왜, 어떻게 여기에 와서 살고 있는지 생각하는 듯했고, 그 옛날에도 주소란

걸 외우고 살았던 것인지 잘 모르겠다는 듯 황망해하는 것 같았다. 조금씩 커지는 간호사의 말소리에 마치 꼭 알아야만 했던 답을 놓친 것처럼 미안한 기색이 묻어났다.

"글쎄, 주소라…."
"그럼, 할머니! 지금이 무슨 계절이에요?"
"계절?"
"네! 봄, 여름, 가을, 겨울 중에서 지금이 무슨 계절이에요?"
"……."

어머니는 또 낙심했다. 당신 앉은키보다 높이 걸려 있는 창문도 못마땅했다. 밖으로 보이는 나무들과 꽃을 봤다면 당장 '봄'이라고 외쳤을 것을. 집에서 꼭 하루에도 몇 번씩 보행기를 밀어 거실 창을 내다보며 '아이고 이쁘다!' 하던 말을 지금 당장 잊어버린 것에 지켜보는 아들 가슴이 먹먹해졌다.

"할머니! 백에서 칠을 빼면 얼마에요?"
"응?"
"네! 백에서 칠, 백에서 칠. 백에서 일곱을 빼면 얼마냐고요?"
"백에서 칠을 빼라고?"
"네! 백에서 칠을 빼면?"
"……."
"……."

"백에서 칠을….."

"……."

"백에서 칠을 빼면… 구십… 삼이지 뭐?"

"네네, 그럼, 거기서 또 칠을 빼면 얼마에요?"

순간 아들과 며느리가 눈빛을 주고받았다.

"매뉴얼이 그렇겠지."

2. 회상

한강을 끼고 뚝섬이라고 불리던 곳 그 아래 마을에 한 가족이 살았다. 형은 오전반 등교를 했고, 잠이든 여동생 옆에서 어머니는 당신과 같은 자세로 입학을 앞둔 아들을 앉혀 놓고 당신의 뾰족한 코를 들이밀며 말했다.

"하였습니다!"

어머니 말을 따라 받아 적었다.

"하~였~습~니~다~"
"그렇지!!"
"책가방!"

"책~가~방~"
"그렇지!!"
"그리고, 또….."

열, 스물, 서른 개씩, 아들은 매일 어머니 말을 받아 적어야 했다. 그때마다 대문 밖에는 친구들이 뛰노는 소리가 들렸지만 아랑곳할 수 없었다. 어머니는 매서웠다. 형과 심하게 다투거나 하면 부지깽이를 들고 만화 영화에 나오는 황금박쥐처럼 나타났다. 큰 키에 빠르고 날렵한 걸음걸이, 소프라노급 고성에 여장부 카리스마를 지닌 어머니. 그때 나의 어머니는 그랬다.

형과 라면을 끓여 먹기 위해 아궁이 위에 올려진 솥단지를 들어내다 미처 치우지 못한 연탄재 때문에 내 발등에 끓는 물이 쏟아졌다. 순식간에 일어난 사고에 나는 고성을 지르며 울었고, 이러지도 저러지도 못하던 형은 급한 마음에 설거지 그릇이 담긴 물을 내 발에 부었다. 해가 질 무렵까지 어머니는 오지 않았고, 이웃집 아주머니가 사다 준 질척한 거즈를 붙이고는 배고픔을 참으며 잠들다 깨기를 반복했다. 이윽고 어머니가 왔고 불호령과 함께 무지하게 야단을 맞았다. 약도 제대로 쓰지 못하던 시절, 허물이 벗겨지고 절룩거렸다. 내가 혼자 제대로 걸을 수 있을 때까지 어머니는 아들을 등에 업고 학교에 오갔다.

다시 간호사의 말소리가 이어졌다.

3. 다시 작업치료실

어머니는 휴지를 뽑아 반씩 접기를 반복하더니 조그맣게 딱지처럼 접었다. 그러나 아들에게 들려왔던 간호사의 주문은 '휴지 한 장을 뽑아 반만 접어서 무릎에 올려놓으라'였다. 어머니는 연이어 굵직한 펜을 손에 쥐고 간호사가 보여 준 그림을 흉내 내어 그렸다.

오랜만에 치른 시험인데 어머니는 답안지를 옳게 챙기지 못한 채 아들 손에 이끌려 일어섰다. 어머니를 부축해 돌아서는 아들에게 간호사가 물었다.

"할머니 사시는 집 주소가 어떻게 되나요?"

4. 그날 아침

어머니는 출근하는 아들 며느리를 붙잡아 앉히고 얘기했다. 손을 떨고 어깨까지 떨면서, 말끝마다 눈물을 섞어 가며 탄식했다.

"내가 아무래도 크게 잘못돼 가는 거 같다. 밤에 잠이 안 오고 잠을 자더라도 옛날 일이 생시처럼 나타난다. 밤사이 하고 싶었던 얘기가 아침이면 하나도 생각이 안 난다. 내가 검사를 좀 받아 봐야겠다. 너무 괴롭고 힘들다. 자식들 생각에 죽지 못해 더 힘들다. 내일 검사를 좀 받아 봐야겠다."

이따금 받았던 검사다. 어머니는 당신 병세를 알고 있었다. 아들은 말했다.

"오늘 당장 갑시다. 왜 내일인데?"
"안 된다. 내일 목욕하고 갈란다."
"아니, 지금 이런 상황에서 내일은 무슨. 지금 바로 목욕하고 가요."

아들과 실랑이 끝에 어머니는 욕실에 앉았다. 그리고 그렇게도 고집스럽게 거부하던 어머니 등을 아들이 씻겨 주었다.

"이것 봐. 이렇게 도와주면 목욕이 얼마나 쉬워!"

바가지를 들고 손을 떨면서 겨우겨우 물을 받아 이리저리 흘려 버리며 머리를 감던 어머니는 샤워기를 들어 준 아들 덕에 어제보다 더 시원한 머리 감기를 했다.

"엄마! 커다란 함지박에 아들 심어 놓고 머리 감겨 주던 생각나? 응?"

어머니는 이쁜 치매를 안고 산다.
아들은 매일 아침 두 손으로 엄마의 볼을 잡고 얘기한다.
엄마!
언제나 행복해야 해!
늘 기뻐해야 해!
항상 즐거워야 해!

… 고비

1. 담벼락

  집 앞 공터에 공사가 한창이었다. 아이는 자기보다 한참 높은 키의 벽돌담 아래에 섰다. 가을 햇살이 아이 어깨를 따듯하게 감고 있었다. 아이는 자기보다도 높은 벽돌담이 볼수록 신기했다. 더 신기한 건 벽돌 사이로 조금씩 새어 나오는 흙 알갱이였다. 스멀스멀, 삐죽삐죽, 벽돌과 벽돌 사이를 비집고 흐르는 흙 알갱이를 보면서 아이는 더 가까이 다가갔다. 해가 구름을 탈 때마다 흙 알갱이가 검어졌다가 이내 반짝거렸다. 아이는 궁금했다. '쿵! 쿵!' 담 너머 들려오는 소리까지 더없이 흥미로웠다. 아이는 무아지경이었다. 아이는 급기야 쪼그리고 앉았다.

  '저 너머 들려오는 소리는 아주 큰 거인이 춤추는 발소리일 거야.'

그 울림소리에 맞춰 쉼 없이 새어 나오는 모래알도 아이 눈높이를 따라가며 춤을 추는 것 같았다. 손가락으로 막아 보기도 하고, 손바닥에 받아 보기도 하고, 귀를 대어 보기도 했다. 아이의 상상은 신비감으로 가득 찼다. 그렇게 재미를 만끽하던 순간.

하늘이 무너졌다. 아니 무지막지한 돌덩이가 산사태처럼 아이에게 쏟아졌다. 하늘은 보드라운 솜사탕인 줄 알았는데, 폭신폭신한 이불 같은 느낌인 줄만 알았는데, 아이를 덮친 하늘은 무지막지한 철퇴같이 아주 무겁고, 둔탁하고, 아주아주 아팠다.

※ 인부들이 삽질하는 벽돌담 뒤에서 놀다가 벽돌이 무너져 깔렸다. 담벼락?

1-1. 착란

아이는 어둑해질 무렵에야 기척을 했다. 방 안에는 하얗고 긴 천들이 줄줄이 잔바람에 나부꼈다. 아이 눈에 들어온 불빛은 조금 전까지 머리 위를 비추던 햇빛 같았다. 천장에는 수천 개의 벌레가 새까맣게 몰려다녔다. 이리 몰리고 저리 몰려다니다가 아이에게 쏟아졌다. 아이는 무서웠다. 바람이 불어 방문이 덜컹거렸고, 하얀 천들은 서로 엉키어 나풀거리다가 다시 엉키며 탈춤을 추었다. 드디어 수억 개로 불어난 벌레가 아이 눈 속으로 쏟아져 내리는 바람에 깜짝 놀라 눈을 떴다.

엄마가 바람을 타고 하얀 천을 헤치고 나타났다. 엄마 눈이 가까이 왔다. 때마침 옆에 누워 있던 또 다른 아이가 울음을 터뜨렸다. 동생 울음에 아이는 그제야 정신이 들었다.

"일어났누?!"

엄마의 손이 머리 위에 앉았다.

"열은 좀 내렸구나. 정신이 좀 드니?"

아이는 말을 잃었다. 아니, 말할 기력이 없었다. 무슨 일이 일어났던 것인지 기억하려 해도 아까의 기억을 무언가가 자꾸만 갉아먹었다.

엄마가 아이를 어루만졌다. 머리부터 발끝까지. 아이가 느꼈을 아까의 무서운 기억들이 빨리 사라지길 바라듯 엄마는 아이의 온몸을 다잡아 주었다. 아이는 겨우 일어나 흰죽 한입을 물었다.

※ 아이는 무너진 벽돌 속에서 지나가던 군인에게 구출돼, 한 살배기 누이동생과 누워 한동안 앓았다.

2. 한강

형은 어깨에 썰매를 메고 친구들과 신나게 달아났다. 뚝섬 강바람이 볼살을 파고들었다. 홍길동처럼 달리는 형이 참 미웠다. 결국, 아이는 줄행랑치는 무리를 놓치고는 강둑에 주저앉았다. 얼어붙은 강

너머로 썰매를 타고 달아나는 무리를 바라보는 내내 부러움과 아쉬움이 아이의 등줄기를 타고 오르내렸다. 네 살배기가 열 살 형을 쫓겠다고 응석을 부렸던 거라 치더라도, 이렇게 아우를 버려두고 달아난 형이 몹시 못마땅했다.

강가에 묶어 둔 나룻배가 눈에 들어왔다. 형보다 더 큰 덩치의 사람들이 옹기종기 앉아 있었다. 아이는 호기심이 가득 차 가까이 다가갔다. 나룻배 주위가 강물에 출렁거리며 너울을 탔다. 겨울을 벗어나려는 봄기운이 둑에서부터 미끄럼을 타고 강 가장자리를 녹여 내고 있었다. 아이는 형들이 달아난 길을 재차 따라가려는 듯, 좀 더 강 안쪽으로 들어섰다. 강 얼음은 마치 숨 쉬는 고래 등처럼 부풀었다가 내려앉기를 반복했다.

※ 아이는 한 발 한 발 더 다가가 고래 등을 타고 놀듯 잠방거렸다.

2-1. 애련

"와! 재밌다!"

고래 등을 밟으면 쑤~욱 내려갔다가 다시 솟았고, 다시 밟았다 놓으면 똑같이 오르내리기를 반복했다. 아이는 형 무리를 잊었다. 그러고는 더 신나게 너울질을 했다. 더 가까이 더 맑은 물길이 보이는 곳까지 조금씩 다가갔다. 그리고 이내 똑같은 발질을 하던 찰나.

'와지직! 뻐-거거걱! 철퍼덕! 첨~벙! 처엄~벙!'

오른쪽 발이 갑자기 강 밑으로 쑥 내려갔다. 얼음 깨지는 소리가 우지끈하면서 왼쪽 발까지 철퍼덕거리며 얼음 강 속으로 빨려 들어갔다.

"어푸. 어푸. 어푸우! 엄마! 엄마! 어푸. 어푸. 꼬르륵. 콰르르륵. 음~파 음~파."

강물이 양쪽 귓구멍으로 '콰르르' 소리를 내며 파고들었다. 귀에서 '머걱머걱', '크르르 콰~악'하며 돌림 노래를 했다. 콧구멍과 입으로도 사정없이 물이 들이닥쳐 죽을 것만 같았다. 잠시 그렇게 죽지 않으려고 힘을 다해 허우적거리다 보니 발이 강바닥에 닿았고, 시커먼 물속에서 몸부림치고 있을 즈음 누군가 아이 목덜미를 낚아채었다.

"푸우-하. 하아. 후-읍. 하아-흡!"

깨진 얼음 알갱이들이 엉겨 눈앞에서 떠다녔다. 아이는 엄마를 불렀다. 울음인지 흐느낌인지 모를, 물에 빠진 송아지가 어미 소 부르듯 그렇게 부르짖었다. 아이는 쇄빙선처럼 얼음을 뚫고 강가로 건져졌다.

※ 아이는 어느 판잣집 양지바른 담 밑에 쪼그리고 앉아 '덜덜덜' 떨며 양말을 양손에 나눠 끼고 형을 기다렸다.

3. 자전거

열일곱 살이 된 아이가 자전거를 타고 신나게 달렸다. 몇 달째 공사가 한창인 도로였지만, 이 길을 가로질러야 훨씬 가까웠다. 집에 가 저녁을 먹고 다시 성당 도서관으로 돌아올 참이었다. 자전거를 너무 좋아해 염치 불고 '내가 좀 타마' 하고는 친구에게 빌린 터였다.

그날은 그믐밤처럼 캄캄했다. 성당을 나와 집으로 달려가는 길. 힘껏 페달을 밟으며 신나게 달리던 그때, 블랙홀 같은 상상치 못할 힘이 순식간에 아이를 솟구쳐 올렸다가 옹골지게 내리꽂았다.

"쾅! 챙그랑! 아~아악! 우당탕! 으아~억! 콰강! 허~으윽! 투다닥 퍽! 으윽!!"

아이는 공중 부양해 자전거로부터 분리되어 한 바퀴 반을 돌아 망가진 아크로바틱 몸짓으로 땅바닥에 처박혔다. 아이는 반사적으로 일어나 방금 자신을 들이받은 자동차를 세차게 내려치며 소리를 질렀다.

"으~아아아!"

앞 유리가 박살 난 택시가 서 있었다. 운전사가 허겁지겁 달려 나와 이러쿵저러쿵 아무 말을 해 댔다. 아이는 반 정신이 나간 상태였다. 무엇을 해야 할지, 어떻게 될지 알 수 없었다. 기사는 이리저리 허우적거리는 아이를 택시에 태웠다. 얼마 안 돼 병원에 도착했다. 간호사

와 몇 마디 주고받고 소파에 앉아 기다리니 경찰관이 왔다. 그 경찰관 아이를 보고는,

"좀 전에 들어온 교통사고 환자가…?" 하고 물었다.
"네, 전데요."
"잉? 택시하고 사고 났다는 게 너야?"
"네!"
"유리가 박살 났는데?"

경찰관은 의아해했다. 아이도 같이 멀뚱거릴 뿐, 경찰관은 아이를 잡고 빙글 춤을 추었다.

"운전사는 어디 갔어?"

경찰관은 택시 기사를 찾아다녔다. 그러고는 아이의 의사와 상관없이 일방적으로 다른 병원으로 옮겨졌다. 어머니가 연락받고 왔다. 역시 어머니도 아이 몸을 이리저리 뒤척이며 살펴보았다.

"어디가 아프니?"
"몰라. 그냥 머리가 띵하고 오른쪽 다리가 좀."
"다른 데는 괜찮고?"
"응!"

※ 택시는 앞 유리가 깨지면서 그 압력으로 옆 유리까지 터졌다고 했다. 엑스레이 결과 아이 몸에 골절은 없었다. 유양돌기(Mastoid Process, 해부학 용어) 외피가 조금 찢어졌고 오른쪽 무릎에 약간의 찰과상과 타박을 입었을 뿐이었다.

3-1. 아이러니

"엄마! 도저히 못 있겠어. 집에 가자!"

"아니, 이것아. 집에 가자니 무슨 소리야. 교통사고 난 녀석이 어딜 가자는 게야?"

"아이, 못 참겠어. 이거(링거) 맞기도 싫고 아픈 데도 없는데 뭘."

결국, 아이는 간호사를 불러 생떼를 썼다. 시간이 흐르고 새벽 세 시에 귀가가 허락됐다. 그리고 다음 날 멀쩡한 걸음으로 등교했고, 조사를 위해 파출소에 잠시 다녀오고는 아무 일도 일어나지 않았다.

뒷날 생각해 낸 그날의 아이러니.

1) 경찰관의 말: 앞 유리는 그렇다 치고, 옆 유리도 박살 났는데 어째 아이가 멀쩡하지?
2) 아버지는 출장 중이었다. 그날 아버지가 있었다면 병원 야반도주가 가능했을까.
3) 사고 순간 '인수'란 친구로부터 건네받아 주머니에 넣어 둔 예수

십자가를 잃어버렸다. 그날 낮 학교에서 인수가 그랬다. "우리 교회는 이런 십자가 안 쓴다. 너 가져!"

4) 아이를 첫 번째 병원에 옮겨 놓고 택시 기사가 사라졌다. 경찰은 밤새 택시 기사를 수배했다고 들었다. 택시 기사는 다음 날 파출소에 나타났다. 왜 그랬을까.

5) 자전거는 나가 동그라졌고 뒤로 넘어가며 머리를 부딪혔는데, 그 자리가 '유양돌기'였다. 몸 어디에도 골절이 없었다.

※ 훗날 십자가 주인 '인수'는 가톨릭으로 개종했고, 자전거 주인 '문환'이는 가톨릭 신부가 되었다.

··· 엄마의 손

1. 얼룩

　설거지를 마치면 행주를 빨아 주변을 잘 닦아야 한다. 주방 얼룩은 여러 유형으로 도드라지기 때문이다. 갖은 음식 재료가 튀고, 흐르고, 구르면서 주방에 심대한 흔적을 남긴다. 조리하면서 튄 기름과 양념도 그렇고, 그날의 재료와 조리 방법에 따라 피해 정도가 다르다. 조리 도구에 들배지기를 당한 고춧가루, 파, 마늘 파편이 날아다니고, 국과 찌개가 끓어오르며 절정을 맞는다. 녀석들은 시간이 지나면서 말라붙기 때문에 곧바로 닦아 내지 않으면 애먹이게 된다. 식사하면서 흘린 식탁 잔여물도 그렇다. 식탁을 닦는다. 그리고 싱크대 구석구석을 닦고, 지정학적 격전장이었던 레인지, 주변 진지와 방호벽에 이르기까지 잘 닦아 낸다.

　마지막으로 냉장고를 닦는다. 특히 냉장고는 하루에도 수십 번씩 열었다 닫는 통에 묻어난 손자국은 얼핏 보아도 보기 싫은 얼룩이라서 때맞춰 닦아 내는 게 깔끔 강박에 도움이 된다. 하루 주방 살이 마지막 임무인 셈이다. 얼룩은 아내 몫일 수 있고, 딸아이 것일 수도, 내 것일 수도 있는 것이지만, 누구랄 것 없이 매일 그렇게 얼룩을 따라가며 닦는다.

그러던 어느 날.
얼룩이라고 하기엔 좀 큼직한, 마치 여느 예술인 손바닥 기념 부조 같은 손자국이 냉장고 문에 선명하게 찍혔다.

2. 목욕탕

난생처음 목욕탕에 갔다. 아들 신발 끈을 동여 주면서까지 엄마의 잔소리는 계속되었다. 방 안에서부터 옷을 챙기고 외투를 입혀 주던 순간부터 이어진 잔소리가 영사기 필름 돌듯 '촤르르 촤르르' 했다.

"따뜻한 물에 한참 들어가 있다가 나와서 밀어야 한다. 알았지?"
"넹!"
"물에서 금방 나오면 때가 안 밀린다. 알았지?"
"넹!"
"동생 목부터 등까지 잘 밀어 줘야 한다. 알았지~?"
"넹!"
"형 등은 네가 밀어 주고. 알았지~~?"

"응응!"

졸망졸망 형 손을 잡고 걸었다. 내가 돌아볼 때마다 **엄마 손**이 팔랑거렸다. 뚝섬 겨울바람이 콧구멍, 귓구멍, 겨드랑이로 매섭게 파고들었다.

목욕탕은 신기했다. 전부 큰 사람들이었다. 구태여 설명하지 않아도 될 풍경을 처음 보면서 나의 유년 시절의 관찰 일기가 되었다. 스멀스멀 모락모락 오르는 수증기가 뽀얗게 시야를 덮었다. 여기저기 웅성거리는 소리는 마치 동굴에서 나는 것 같았다. 집을 나서면서 날숨을 막아서던 칼바람과 다르게 촉촉하고 따듯한 일렁임이 온몸을 휘감았다. 형이 자리를 잡았다. 내 호기심은 아랑곳없이 여기저기 탕안을 날아다녔다. 그리고 시작된 물질. 바가지에 물을 담아 비누 뚜껑을 띄워 놓고 종알거렸다. 형도 크게 다르지 않았다. 집에서와는 달리 서로 아무런 훼방 없이 놀았다. 형이 내 등을 닦는 것 같았는데 잘 모르겠다. 얼마나 시간이 지났을까 목욕탕을 나섰다. 손가락 지문이 불어 번데기 같았다. 아까보다 흐릿해진 햇빛이 골목길을 깎아 먹고 있었다.

3. 목욕탕 Ⅱ
집 안에 들어서자마자 엄마의 영사기가 다시 돌았다. 다른 버전이었다.

"때 잘 밀고 왔누. 어디 좀 보자."

엄마는 형의 웃옷을 벗겼다. 이내 내복마저 강탈당했다. 엄마의 영사기가 절정으로 치달았다.

"아니, 이게. 도대체. 때를 밀긴 민 거냐. 응?"
"……."
"……."

영문을 모르는 우리는 서로 쳐다보며 멀뚱거렸다. 나도 똑같이 귤 껍질처럼 벗겨졌다.

"어이구. 이놈들. 대체 이걸 어째. 이 때 좀 봐라. 때 좀 봐. 이걸 어째. 이걸."

단숨에 **엄마의 손**바닥이 형 등에 세차게 떨어졌다.

"너는 도대체 목욕탕은 왜 간 거니, 응? 이게 목욕하고 온 몸이냐? 어쩜 두 녀석 다 똑같이 이 모양을 해서 왔다냐. 도대체 가서 뭘 하고 온 게야?"

형 등에 한 차례 더, 내 등에도 **엄마의 손**이 '착!' 하고 붙었다.

"앗 따가워!"

잔뜩 몸을 움츠렸다. 빨리 이 수난을 벗어나고 싶었다. 엄마는 부리나케 부엌으로 나갔다. 급기야 큰 덩치의 고무 양동이가 방 가운데 동댕이쳐졌다. 이윽고 뜨거운 물이 다른 양동이를 타고 네댓 차례 쏟아졌다. 김이 모락모락. 방 안이 흡사 아까의 목욕탕과 비슷해졌다. 밖에는 겨울바람이 '윙윙'하며 방문을 흔들었다.

입수 명령이 떨어졌다. **엄마의 손**이 바빠졌다. 형과 나는 이리 쏠리고 저리 밀리다가 몇 차례 더 등에 야단 도장을 찍고서야 끝이 났다. 그렇게 난생처음 목욕탕 견학을 했고 목욕이란 게 뭔지 깨달았다. 나는 형 등에 찍힌 **엄마의 손**자국에 따뜻한 물을 부어 주었다.

"형, 아파?"
"아니, 너는?"
"나도 안 아파!"

4. 약손
"**엄마 손**은 약손~ **엄마 손**은 약손~"

엄마는 아픈 나의 배를 쓰다듬으면서 그렇게 노래했다.

"어서 나아라. 어서 나아라. **엄마 손**은 약손~ **엄마 손**은 약손이다~"

나는 아픈 배가 **엄마 손** 때문에 낫는 것인지, 엄마의 눈이 낫게 하는지 헷갈린 적이 있다. 세상에서 가장 깨끗한 엄마의 눈과 따듯한 **엄마의 손**이 내 눈을 보고, 내 배를 쓰다듬어서 진짜 낫는 거라고 생각했다. 먼 훗날 기억을 살려 딸아이한테 같은 손길을 준 적이 있다.

"어서 나아라! 아빠 손은 약손! 아빠 손은 약손! 아빠 손은 약손이다~~"

5. 지운다는 것

나는 요즘 **엄마의 손자국**을 지운다. 매일 하나씩 생기는 **엄마의 손자국**을 지운다. 요즘 들어 부쩍 뜸해지긴 했지만, 날마다 냉장고 문에 찍혔던 손자국은 엄마의 것이었다. 엄마의 걸음걸이가 더없이 힘겨워지고 있다. 어린 시절 운동회 때 함께 손잡고 뛰던 키 큰 엄마의 뜀박질이 종종걸음으로 점점 쇠약해져 가고 있다. 힘겨운 디딤 발을 버티기 위해 엄마는 냉장고 문에 손을 얹는 버릇이 생겼다. 선명하게 남은 손자국이 주방 불빛을 받아 어른거린다. 나는 때마다 **엄마의 손**자국을 지우며 생각한다.

'언제까지 지울 수 있을까?'

··· 받아쓰기

1. 입학

"가방."

"가~~바~~앙."

"그렇지!"

"주룩주룩. 주룩주룩."

"주~루~욱 주~루~욱."

"그렇지!"

어머니는 국민학교(초등학교) 입학을 앞둔 아들과 똑같이 방바닥에 엎드려 매일 받아쓰기를 시켰다. 아버지를 따라 상경해 한강 뚝섬이라 불리던 근처 마을에 살았다. 어머니는 이래저래 숨 가빴던 나날을 멈추고 아들 글 가르치기에 몰두했다. 난 또박또박 글자를 익히며 어머니가 부르는 단어들을 받침까지 곧잘 받아썼다.

서울의 K 초등학교 입학을 앞둔 어느 날. 어머니가 외출하신 사이 형과 함께 부뚜막 솥단지를 들어내다가 펄펄 끓는 물이 내 왼발 위로 쏟아졌다. 어떻게 치료했는지 잘 기억나지 않지만, 병원에는 가지 않았다는 것과 그 때문에 초등학교 입학식부터 어머니 등에 업혀 등교했던 것이 생각난다.

그날 우리 반 교실은 지금과는 비교될 수 없을 만큼 많은 아이가 들어찼다. 교실 밖 복도마다 엄마들이 자식들 첫 수업을 보겠노라며 창문을 비집으며 북적였다. 나도 그 창밖으로 이따금 어머니 얼굴을 겨우 찾아볼 수 있었다.

"자~ 여러분! 모두 크레용과 도화지를 꺼내세요!"

시끌벅적한 아이들 사이로 선생님이 두어 번 나팔 손을 만들었다.

'도화지? 크레용?'

아이들은 일제히 가방을 뒤져 준비해 온 물품을 꺼냈다. 어머니 등에 업혀 첫 등교를 하긴 했지만 내게 크레용과 도화지는 기억 밖의 물품이었다.

"자~ 여러분! 지금부터 도화지에 어머니 얼굴을 그려 보세요."

교실이 더 소란스러워졌다. 아이들은 저마다 분주했다. 제 손가락보다 길쭉한 크레용을 쥐고 이리저리 그어 가며 어머니 얼굴을 그렸다. 나는 당황했다. 모두가 일제히 하얀 도화지에 코를 박고 있는 사이, 나는 새까만 책상에 두 손을 얹고 어쩔 줄 몰라 했다. 나는 다른 부모들 얼굴로 꽉 들어찬 창문 사이로 더욱 작아져 버린 어머니 얼굴을 찾고 있었다. K 초등학교 기억은 이것이 전부다.

2. 전학

어머니는 내 손을 잡고 교무실로 들어섰다. 낯설기는 매 마찬가지인 세상이었다. 인천 부평의 B 초등학교. 아직도 잊지 않고 기억나는 이름 P 선생님과 마주 앉았다. 두 분이 주고받는 말소리는 귀에 들어오지 않았다. 어느새 나만 복도에 덩그러니 놔둔 채, 어머니는 선생님과 한참 이야기를 이어 갔다. 수년이 지난 어느 날 어머니로부터 당시 선생님의 요청 사항과 그 요청을 끝내 들어주지 못했다는 아쉬움에 대해 들었다.

3. 받아쓰기

1학년 2반. 나의 받아쓰기 시험은 언제나 만점이었다. 받아쓰기 공책 낱장마다 빨간색 동그라미가 빈틈없이 채워졌다. 그러던 어느 날, 역시 같은 방식의 시험이 시작됐다.

"1번, 뛰어갑니다. 뛰어갑니다."
"2번, 운동장. 운동장."
"3번, 그림책. 그림책."

순간 눈앞이 캄캄했다. 그림책? 그림책? 그림책? 도무지 생각나지 않았다. 갑자기 배 속이 뜨거워졌다. 흐르던 피가 멈춘 듯 아랫도리가 싸늘해졌다. 핏기를 잃고 얼굴이 차가워졌다. 어깻죽지가 뒤틀리며 온몸이 오그라들었다.

'그림책? 생각. 생각. 생각.'
'그림책… 그림책… 그림책….'

어느새 선생님은 일곱 번째 낱말을 부르고 있었지만, 나는 여전히 그림책 속에서 허우적거렸다.

'그림책? 어떻게 쓰더라. 으… 그림책….'

야속한 시간은 그렇게 흘러갔다.

"자! 그만. 손 머리! 뒤에서부터 걷어 오세요."

크! 20점. '그림책'은 끝까지 기억해 내지 못했다. 동그라미 두 개와 그 밑으로 신나게 그어진 선생님의 빨간 작대기. 그리고 내 머릿속에서 아직 지워지지 않는 낱말. 그-림-책.

4. 은행

전화 속 말투는 변함없었다.

"불편하시겠지만, 본인 확인을 위해서 어르신 본인이 꼭 나오셔야 합니다."

이유야 어떻든 은행 창구에 구순 어머니가 직접 나와 서명해야 한다는 거였다. 인터넷 지도를 뒤져 가장 주차하기 좋은 장소와 휠체어 접근이 쉬운 '공설운동장점'을 찾았다. 창구 직원으로부터 어머니 본인 확인 절차가 진행됐다. 신분증을 확인했고, 몇 가지 질문이 더 오갔다. 귀가 어두운 어머니를 대신해 아들이 통언을 했다. 창구 직원이 웃었다. 그리고 어머니 서명이 시작됐다.

"응, 여기. 여기에 엄마 이름 써요."
"어디? 여기?"
"응! 거기. 거기에 엄마 이름 쓰면 돼."

얼마 만에 잡아 본 연필인가. 어머니는 당신 이름을 쓰기 시작했다.

글자를 만드는 한 줄 한 줄마다 떠듬떠듬 꼬불락꼬불락했다. 일부러 잉크 알갱이를 부수어 쓰듯 어머니는 자꾸만 끊어지는 점을 이어 가며 선을 만들었다.

'오 * *'

은행 직원은 다음 받아쓰기 문제를 냈다.

"할머니! 그리고, 여기에 '배우자'라고 쓰시고, 할머니 이름 한 번 더 써 주세요."
"뭐라구?"

다시 통언을 했다.

"응, 여기. 여기에 '배-우-자'라고 쓰고, 엄마 이름 한 번 더 쓰라고요."
"어디? 여기?"
"응, 거기. 거기에. 배…."

순간 어머니 연필이 힘을 잃었다. 어머니는 생각했다. 그리고 가늘게 입술을 떨었다.

"배우자? 배우자. 배우자? 어떻게 쓰더라…."

이를 바라보던 직원이 재빨리 입출금 용지 뒷면에 큼직하게 '배-우-자'라고 적어 내밀었다.

"그래. 이거야. 배-우-자. '한글을 배우자 할 때 배-우-자' 똑같이 쓰면 돼."

어머니는 한 글자 한 글자 베껴 쓰기 시작했다.

"배~애~ 우~~ 자~아~~"
"그렇지. 맞아. 잘 쓰시네. 잘 썼어요."

몹시도 더웠던 여름날. 휠체어 나들이에 힘겨운 받아쓰기까지. 임무를 완수한 어머니 어깨너머로 힐끗 내려다보던 배우자의 당사자. 아버지가 지난 세월을 탓하듯 희미하게 웃고 있었다.

열한 살 이벤트

1.

우리 학교 송구부는 독보적인 팀이었다. 당시만 해도 적지 않은 학교가 송구부를 육성했는데, 우리 학교 우승률이 단연 우위였다. 경쟁 학교 감독이 우리 학교를 찾아와 연습 장면을 훔쳐볼 정도였으니까.

나는 그보다 앞서 씨름을 먼저 시작했다. 요즘 키에 비하면 그리 큰 편이 아니지만, 그땐 큰 부류에 속했던 것 같다. 우리 또래라면 알 만한 '장지영 장사', '고경철 장사'가 씨름 동기고, '이만기 장사'와도 같은 또래다. 지영이, 경철이와 맞잡으면 백이면 백 나동그라졌다. 좀처럼 체중이 늘지 않아 씨름은 그만두었다.

대통령 부인이 피격되던 그해 여름 광복절. 여름 방학 청소 당번을 마치고 운동장에서 줄기차게 뛰어다니며 축구를 하다가 육상부 코치

눈에 들어 육상부에 들어갔다. 두어 번 상을 받았을까 얼마 되지 않아 육상부는 해체되었고, 개중에 뛴다는 놈 몇이 함께 간택되어 송구부에 차출되었다. 왜 그랬을까. 그때는 묻지도 따지지도 않았다. 그냥 선생님이 하라면 했다. '송구'는 '핸드볼'이란 이름으로 바뀌었다. 50년이 흘렀다. 나이 이야기는 별로지만 어쩌겠는가. 그 시절이 가끔 눈에 밟히는걸.

그날은 정말 모처럼 만이었다. 아니다. 송구부 입단 후 코치가 처음으로 허락한 우리만의 나들이였다. 우리는 '얼씨구' 하면서 또래 예닐곱과 어느 행사장으로 달음박질했다. 누군가가 공짜 표를 우리에게 자랑했고, 그에 화들짝 반응한 아이들의 1박 2일 이야기다.

2.

당시 부평에 신촌이라 불리던 동네가 있었다. 길 건너에 공수 부대가 있었는데 미군 부대를 끼고 있는 너른 곳이었다. '화랑농장'이라 불리던 '십정동'부터 '백마장'이라 불리던 '산곡동'까지 이어진 꽤 큰 부대였다. 어쨌거나 그 공수 부대에 유명 가수들이 위문 공연을 온다는 것이었고, 그 공연을 보러 가자고 떼거리 행차를 한 것이다. TV에서만 보던 '남진 님'은 정말 잘생긴 얼굴이었다. 나의 누이도 거울 볼 때마다 노래를 흥얼거렸고, 나도 한동안 매료되어 무릎과 손가락을 튕기며 노래를 부르곤 했다.

"저 푸른 초원 위에, 그림 같은 집을 짓고~"

인천도 작지 않은 도시였지만, 촌놈들 서울 구경하듯 문주란 님, 조미미 님까지 보며 어른들 사이에 섞여 마구 소리를 지르며 구경했다. 그렇게 시끌벅적하게 촌놈들 구경은 끝이 났다.

3.

군부대 철조망을 따라 부평 쪽으로 걷노라면 우리 학교가 나왔다. 길 밑으로 개천이 흘렀는데 동네 친구들과 송사리를 잡으며 놀던 곳이다. 우리는 둘씩 짝지어 걸었다. 조금 전까지 들었던 노래를 흥얼거리기도 하고, 이러쿵저러쿵 코치 흉도 보고, 맘에 들지 않는 선배 이름도 들먹였다.

우리 운동부는 방학 내내 학교에 모여 합숙 훈련을 하던 중이었다. 아침 먹고 운동, 점심 먹고 운동을 했다. 그렇게 깜짝 나들이를 마치고 숙소로 돌아가 코치와 선배들을 만날 생각에 모두 시큰둥한 발걸음이었다. 그렇게 개천 둑길을 따라 걷다가 11살 인생 운명의 장난이 벌어지고 말았다.

동료 중 '한무'는 일명 창고지기다. 운동 기구를 모아 두는 창고 열쇠는 언제나 그의 몫이었다. 창고를 여는 것도, 잠그는 것도 그랬다. 별로 꾀를 부리지 않아 만년 당번처럼 열쇠를 목에 걸고 다녔다. 한무는 열쇠 목줄을 오른손 검지에 걸어 빙빙 돌리며 걸었다. 열쇠가 석양

빛에 반짝거렸다. 금붙이는 한무의 옆구리에서, 때로는 녀석의 머리 위에서 장난감 프로펠러처럼 신나게 돌았다. 그러다 갑자기 '앗' 소리와 함께 한무가 걸음을 멈췄다. 앞서거니 뒤서거니 하던 모두가 발걸음을 멈췄다.

"왜? 왜 그래?"

주장인 상철이가 물었다.

"열쇠가 날아갔어."

한무는 얼음처럼 굳은 몸으로 개천 아래 풀섶 어딘가를 멍청하게 바라보고 있었다. 우리는 동시에 한무 곁으로 몰려들었다.

"어디로 날아갔는데?"
"몰라, 모르겠어."
"어디쯤이야, 어디쯤인데?"
"모르겠어."
"큰났다. 내려가 보자."

우리는 둑길 아래로 뛰어내렸다. 대략 교실 두 개만큼 되는 풀섶이 개천을 가운데 두고 끝없이 펼쳐져 있었다. 어디쯤엔가 떨어졌을 열쇠를 모두가 찾기 시작했다. 모기떼 습격을 받으며 열쇠 찾기는 삼십

분, 한 시간을 넘겨 두 시간째 이어졌다. 석양은 미군 부대 철조망을 한 단씩 타고 내려서 진작 누워 버렸고, 우리는 수용소 철조망에 갇힌 패잔병처럼 엄습하는 땅거미를 헤치며 열쇠 찾기에 혈안이었다. 결국 시커먼 어둠이 천지를 덮었다.

"안 되겠다. 못 찾겠다."
"대충 어디쯤인지 봐 놓고, 내일 다시 와서 찾아보자."
"합숙소에 가야 하잖아."
"열쇠 없이 간다고?"
"그럼, 어떡해?"

어둠 속에서 역적모의하듯 서로의 눈동자를 찾아가며 조잘거렸다. 상철이가 말했다.

"일단, 지금 학교에 가는 건 안 되겠어. 너무 늦었고, 지금 가면 디지게 맞을 거다."

모두가 말이 없었다. 암묵적 동의였다. 그러나 이 일을 어떻게 해야 할지, 정말 합숙소에 안 가도 되는 건지 판단이 서질 않았다.

"일단 각자 집으로 갔다가 내일 아침 10시에 금성극장 앞에서 만나자. 가서 맞더라도 열쇠는 찾아가야지."

모두가 멀뚱거리기만 할 뿐 좋다는 말도, 싫다는 말도 없이 그렇게 어둠 속에서 흩어졌다.

4.

그래도 오랜만에 잠은 실컷 잔 것 같았다. 어머니는 왜 집에 왔냐고 물었다. 뭐라고 둘러댔는지 기억이 없다. 아침밥을 먹고 집을 나섰다. 극장 앞은 한산했다. 서너 명이 와 있었다.

"상철이는?"
"아직 안 왔다."

대책도 없이 모두가 합숙소를 이탈한 상황인데, 집에 가서 자고 다시 만나자던 상철이가 안 나타나다니. 어안이 벙벙했다. 끝내 상철이는 오지 않았다.

"어쩌지?"
"그러게."
"상철이 집으로 가 보자."
"그래, 그게 좋겠다."

상철이 집도 신촌이었다. 어제 다녀왔던 공수 부대를 향해 다시 걸었다. 부평역을 지나 저 멀리 부대 정문이 보일 즈음 난 소스라치게 놀랐다.

"야! 저기 코치님 아냐?"
"어디, 어디?"

거리가 꽤 됐지만 내 눈에 또렷하게 포착되었다. 자전거를 탄 코치와 주변을 따르는 선배들. 우리는 동시에 뒤돌아 뛰기 시작했다. 걸리면 끝장이었다. 어차피 앞날 예측 없이 저지른 일이었다. 나는 엄청난 속도로 달렸다. 동무들이 따라오는지 살필 겨를도 없이 '뜀박질아, 날 살려라' 하며 달렸다. 어느덧 다른 길로 뛰어야겠다는 생각에 길모퉁이를 돌다가 멈칫 뒤를 돌아봤다. 순간, 내 앞으로 자전거가 나동그라졌고, 코치가 스턴트맨처럼 날아 내 목덜미를 낚아챘다. 레프트, 라이트가 사정없이 들어왔다. 코치의 시계가 바닥에 떨어지고, 내 코에서 피가 터지면서 공격이 멈췄다. 외줄에 걸린 샌드백처럼 난 아무런 반항도 못 하고 흐느적거렸다. 어쩌면 맞아도 싸다는 생각이 들었던 것일까. 뒤이어 도착한 선배들에게 포박되어 학교로 압송되었다.

5.
벌써 잡혀 온 상철이는 한껏 풀이 죽어 있었다. 서로 눈 이야길 했지만, 뜻도 해석도 필요치 않았다. 같이 잡혀 온 녀석들까지 나무 막대기처럼 계단실 입구에 도열했다. '이제 죽었구나' 하면서 순순히 운명을 받아들였다.

"상철이부터 나와!"

상철이가 엎드렸다. 선배가 대걸레 자루 두 개를 가지고 왔다. 본격적인 곤장질이 시작됐다. 코치는 표현하기 어려울 정도로 화가 나 있었다. 몇 대를 맞았는지 세다가 잊어버렸다. 역시 상철이는 주장다웠다. 눈물 한 방울 없이 꿋꿋하게 잘도 맞았다. 대략 30대 정도를 맞은 것 같았다. 개구리 뻗듯 펴졌던 상철이가 가까스로 몸을 일으켜 다른 편에 가 무릎을 꿇었다.

"다음 나와!"

창고지기 한무였다. 한무는 잠을 이루지 못했을 것이었다. 잔뜩 상기된 얼굴로 엎드렸다. 자기 때문에 모두가 맞게 됐다고 자책하는 듯했다. 역시 심한 매질이 가해졌다. 어쩌면 상철이보다 더 맞은 것 같았다. 나중에 안 일이지만 한무 엉덩이와 허벅지는 피멍이 덧나서 한 달을 채워 치료했다고 했다.

다음은 기석이 차례였다. 기석이는 나와 같이 육상부에서 차출된 녀석이다. 워낙 지치지 않고 잘 달려서 입상 성적도 좋았던 친구였다.

기석이에게도 똑같은 매질이 시작됐다.

"윽! 억! 으으흐!"

유독 앞의 두 친구보다 매를 못 맞았다. 한 대씩 맞을 때마다 몸을 비틀었고, 그때마다 돌아앉아 잘못했다고 빌었다.

"뭐야, 이 ××. 안 뻗쳐?"

코치는 이미 폭발해 있었다. 급기야 자루 두 개가 모두 부러졌다. 코치는 분을 삼키지 못하고 밖으로 나가더니 화단마다 세워 두었던 학급 푯말 몇 개를 더 뽑아 왔다. 매질은 계속됐고 기석이 몸부림도 똑같이 이어졌다. 급기야 코치는 발을 동원했다. 몇 번의 발길질에 기석이는 기력을 잃고 쓰러졌다. 턱에서 피가 흘렀다. 차마 볼 수 없는 광경을 목도하면서도 우린 어떤 대응도 하지 못했다.

그다음은 어떻게 됐는지 잘 기억나지 않는다. 코치가 기석이를 업고 나가는 장면, 선배들이 뒤를 따르는 장면이 다였다. 매질 순서를 기다리고 있던 나와 재영이, 경호는 그 자리에 주저앉았다. 그리고 소리 없이 울었다.

6.

다음 날 기석이와 한무가 빠진 채 운동이 시작됐다. 그때 한 무리의 사람들이 교문으로 들어섰다. 나중에 안 일이지만 그중 한 명이 기석이 삼촌이었다고 했다. 우리 눈앞에서 어른들의 싸움이 벌어졌다.

그날 이후 우리는 코치를 보지 못했다.

나와 같이 매질을 면한 재영이는 중학교를 중퇴하고 이민을 갔다. 주장 상철이, 기석이, 창고지기 한무, 왼손잡이 경호까지 어디에 살고 있는지.

'자식들, 진짜 보고 싶다!'

... 그땐
　 그랬다

"♪ ♬~ 커피 한 잔을 시켜 놓고 그대 오기를 기다려 봐도~~ ♩♪"

　어떤 날은 내가, 어떤 날은 친구가 기다렸다.
　인천 답동의 '몽마르뜨' 커피숍. 땅 아래로 십수 계단을 내려서기 전 간판을 쳐다봤다.

　'목마른 청춘 들락이는 곳? 크크!'

　당시 도심은 '다방'이란 이름에서 '커피숍'이란 이름으로 물갈이 중이었다. 그로부터 두 해 전까지만 해도 우리 청춘의 시작점이던 '록다방'도 그랬잖나. 길목다방, 학림다방. 조금 다르다 싶으면 '다실'이라고 썼는데. 다방과 다실은 뭐가 다른 거였더라.

"어이, 친구!!"
"에구, 늦어서 미안."
"왜 이렇게 늦었어?"
"버스를 놓쳤어."

시내버스 없이 인천을 나돌기란 쉽지 않았다. 시가지 관통 노선인데도 반 시간마다 지나는 버스를 놓치게 되면 약속 시간에 늦은 데 대한 핀잔을 들어야 했다.

요즘의 시간관념과 큰 차이를 느낀다. 지금은 모두가 초침까지 정확한 시계를 들고 다닌다. 통화도 번거롭다. 글자 몇 마디와 이모티콘 몇 개로 내 느낌, 감정을 주고받는다. 또 어떤 앱은 친구가 어디쯤 오는지, 지금은 어디에 있는지도 알 수 있다. 놀랍기도 하거니와 한편 좀 무섭다.

"♪ ♬~ 나 그대에게 드릴 말 있네. 오늘 밤 문득~"

따르릉, 따르르릉!!

DJ가 음악 볼륨을 줄였다.

"계신 가운데 ○○○ 씨, ○○○ 씨! 카운터에 전화 있습니다."

"♪ ♬~ 그댈 위해서라면 나는 못 할 게 없네~"

다시 음악이 흐르다 멈췄다.

"○○○ 씨, ○○○ 씨~"
"좀 늦을 거 같아~"
"버스를 놓쳤어~"
"어쩌지 오늘은 사정이 생겨서 못 만날 거 같아~"

공중전화가 있더라도 다방 전화번호를 모르면 헛일이었다. 백과사전만큼 두꺼운 전화번호부를 뒤적이는 풍경도 예사였다. 어쩔 수 없이 다음 버스 오기를 기다려야 했고, 갑자기 다른 일이 생기면 친구들과 약속은 깜깜이로 파기되었다.

친구들은 늦도록 오지 않는 친구를 마냥 기다릴 수는 없었다. 휴지 조각이 될 망정 한 가닥 기대감을 담아 '십자 종이띠'를 접어 다방 입구에 꽂아 두었다.

"친구야, 기다리다 우리 먼저 간다. '이모집'으로 와!"
"○○아 먼저 간다. '노란대문집'으로 와!!"

지금의 휴대 전화를 보다가 든 생각.
그땐 그랬는데.

한편 지루하고, 안타깝고, 답답했지만 정겹던 시절.
그때가 그립다.

이모집: 인천 답동에 있던 청춘 주점.
가성비가 좋아서 많은 젊은이가 찾았다.
노란대문집: 숭의동에 있던 단골 주점.
되비지 안주가 으뜸이었다.

**... 나 원 참.
아니거든!!!**

1. 아침

  짜증을 넘어 무섭기까지 했던 땡볕 무더위를 피해, 며칠간 아들 집에 머무셨던 부모님이 당신 집으로 돌아가겠노라며 동트기 전부터 부스럭거렸다. 아침 라디오 뉴스며 간헐적으로 섞이는 광고까지 나무집을 콩콩 울렸다. 언제나 그랬지만 부모님은 귀갓길에도 자식 품을 덜어 주겠다고 서너 종류의 분리수거 꾸러미에다 마을을 휘돌아 수거한 민들레 봉지까지 빨간 끈을 동여매어 현관에 내어 두셨다.

(민들레: 당뇨에 좋다고 차를 우려 드신 지 오래된 어머니. 아들 집에 올 적마다 마을 민들레가 초토화됐다.)

  "좀 더 있다 가시지."
  "싫다. 내 집이 편타."
  "집도 널찍하고 마당도 시원하고 얼마나 좋아요."

"그래도 내 집이 편타."

하루에 몇 번이고 가지고 즐기는 색 바랜 화투에 눈을 맞춘 채 어머니가 말씀하셨다.

"며느리 힘들어!!"

어이구. 가족 중에 사랑하고 아끼는 이가 어디 며느리뿐인가. 늘 며느리 핑계가 유일한 탈출구다. 어쨌거나 어머니와 아들은 수저 부딪는 소리를 효과음 삼아 입씨름했다.

2. 영화

"아빠는 조조할인이 좋더라. 이천 원씩 할인도 되고, 보고 싶은 영화를 아침나절에 볼 수 있으니 얼마나 좋냐. 오후 시간 활용하기도 좋고."

전날 딸아이가 친구들과 보고 온 영화 얘길 듣다가 '그럼 아빠 엄마도 보게 해 다오' 했었다. 새 영화가 나오면 득달같이 달려가는 패밀리다. 늘 딸아이와 내가 앞장서고 아내는 더부살이처럼 따르는 형국이다.

딸아이가 전해 준 예매 번호를 '카톡 주머니'에 넣고 나섰다. 부모님을 댁에 모셔다드리고 당도한 영화관. 영화관 가는 길은 흥겨운 단골 길이다.

'0045-0811-0120-758'

이것이 난수표 같은 예약 번호다.

옛날 극장과는 '격세지감'이 아닌 '극세지감'을 느낄 정도로 변했잖은가. 광고판을 가면처럼 쓴 기계의 배 바닥에 번호를 콕콕 찌르면 우리가 앉을 좌석이 종이에 찍혀 토해진다. 휴대 전화에 직접 담은 입장권 이미지를 살짝 문질러 내가 들어갈 영화관을 안내해 주는 문지기 풍경은 또 어떤가. 바늘구멍이 수십 개 뚫린 버스 회수권 같았던 극장표를 시키면 반달 구멍을 통해 받던 그림은 이제 먼 기억 속에서 지우개를 타고 논다.

아내와 발권기 앞에 섰다. 난수표 번호를 찍었다. 그리고 나타난 빨간색 버튼을 눌렀다. 아, 그런데 예매 번호가 없단다.

"엥? 뭣이라!"

다시 찍었다. 또 예매 번호가 없단다.

"뭐가 이래. 이상하네."
"에이, 좀 잘 찍어 봐. 앞에 네 자리는 넣지 않는 거잖아."

옆에 선 아내가 작은 소리로 핀잔했다. 그도 모를까 봐. 예매 번호 옮겨 찍는 짓이 오늘만은 아니지 않은가 말이다. 한두 번도 아니고. 이번엔 아내가 불러 주겠단다.

"허, 참나!"
"0811-0120…."

아내는 귀가 어두운 영감한테 읽어 주듯 또랑또랑 노랠 부르며, 내 손가락이 엉뚱한 짓을 하는지 감시했다.

"어? 왜 그러지? 또 그러네."

급기야 딸아이 주민 번호, 휴대전화 번호까지 찍었다. 그러나 역시였다. 결국 창구로 갔다. 건장한 청년이 고무줄 자바라 벽면을 뚫고 나왔다.

"이 번호가 안 뜨네요."

난수표 번호가 적힌 휴대폰을 내밀었다.

"제가 해 드릴게요."

타 다다닥 토닥토닥, 탁! 지~익.

분홍색 영화표가 나왔다. 갑자기 멍청해진 상황. 뭐라도 한마디는 해야겠는데.

"근데 왜 안됐죠?"
"잘못 누르신 거죠."

뭐야? 아! 정말 돌아 버리겠네. 아예 눈도 마주치지 않는 그 청년 눈두덩을 바라보면서 재차 점잖게 다그치듯 말했다.

"세 번이나 눌렀는데?"
"잘못 누르신 거예요."

갑자기 청년이 고릴라처럼 보였다. 고릴라는 내가 숨 고를 새도 없이 그렇게 같은 소릴 '으르렁'거리고는 팝콘 주방으로 사라졌다.

"……."

아내와 눈이 마주쳤다. 어안이 벙벙한 묘한 상황이 머릿속을 마구

구겨 놓았다. 갑자기 짱돌 같은 황당함이 심장 밑바닥을 치고 뒷머리를 따라 솟구쳐 정수리에 꽂혔다. 이래서 혈압이 오르는 거구나.

"여보, 이 일을……."

웃는 건지 우는 건지 아내 표정도 일그러졌다.

"내가 조금 더 젊었으면 실수인지 실패인지 따져 보겠구먼. 이 일을 대체……."
"됐어요. 그만 들어갑시다."
"나 원 참!!"

아내가 팔꿈치를 툭툭 쳤다.

"이건 설움도 아니고, 오해도 아니고 이런 걸 뭐라고 하지?"

아내 손에 팔꿈치가 채워져 밀리듯 끌리듯 문지기 앞에 섰다.

"네네! 3관 두 분입니다! 즐거운 관람 되십시오."

문지기 얼굴도 일그러져 보였다. 컴퓨터가 세상을 지배하는 시대라지만, 광고판을 뒤집어쓴 기계 덩어리를 탓할 수도 없고, 그 기계 덩치 배를 열어 보고 도대체 뭐 땜에 우리 번호가 없다고 했는지 따져 보고도 싶거늘. 딸아이 주민 번호까지 동원하면서도 찾지 못한 권리가 머릿속에서 엇박자 춤을 추었다. 그 청년이 되풀이했던 두 마디 울림도 섞여서 말이다.

'잘못 누르신 거죠! 잘못 누르신 거예요!!'

나 원 참. 아니거든!!!

여동생이 'MBC 라디오 여성시대'에 보내 보라 했다.
설마 하다가 보냈는데,
빨간 전기 압력 밥솥이 왔다.
평생 전기 압력 밥솥은 써 본 적이 없다던 이웃에게 선사했다.

⋯ 지절루

1.

어머니 먹거리는 처음엔 이해가 안 됐다. 새벽 4시께 바나나 한 개, 물 한 잔. 아침 9시께 조식은 색동 쟁반이다. 아기 주먹만 한 고구마 한 개, 빵 한 조각, 포도알 몇 개, **방울토미토 예닐곱**, 찐 달걀 하나, 두유 한 잔과 큰 컵의 물. 뒤이어 커피/프림/설탕 112 작은 컵 반 잔의 커피.

지난한 당뇨로 많은 날 먹거리 고생을 했는데, 다행히 근래 당 조절이 잘되는 듯했다. 점심은 언제나 아들 표 국수이고, 저녁은 색깔만 조금 바뀔 뿐 조식과 비슷했다.

일요일 아침 식사를 마치고 아들은 어머니에게 보챘다.

"사과 정말 맛있네. 한입 잡쉬 봐!"
"시려. 배불러."
"에이 참. 그러지 말고 한번 잡쉬 봐!"
"에이 참. 싫다니까. 배불러!"

어머니 고집만큼 아들도 한 고집 하거늘. 결국 어머니는 개중에 작은 놈 하나를 입에 물었다.

"달다. 어찌 이리 달꼬."
"그렇지. 이번 사과 참 다네."

아들은 입에 수수께끼 하나를 더 물었다.

"엄마, 근데 이런 사과가 어떻게 나무에 달릴까?"
"……."
"응? 이런 사과가 어떻게 나무에 달리냐고!!"
"그걸 어찌 아누. 그냥 난 거지."
"참 신기하지?"

아들은 식탁 위에 허수아비처럼 매달린 바나나를 툭 치며 말했다.

"이 바나나는 또 어떻고. 좀 전에 자신 방울토마토, 포도, 고구마는 또 어떻고. 흙에서 이렇게 맛있는 것들이 나온 거잖아."

"……."

"응? 엄마!! 이런 게 어떻게 나무에 달리고 땅에서 나느냐고!?"

"에이, 몰러. 몰러! 그걸 어찌 아누. 지절루 낫 것지. 별 그지 같은 걸 다 묻네."

어머니는 거듭되는 아들 물음에 상거지 쳐다보듯 하며 커피를 홀짝였다.

"엄마!! 나는 어디서 나왔지?"

"어디서 나오긴. 내 배에서 나왔지."

"누가 만들었지?"

"별소리를 다 하네. 누가 만들긴 누가 만들어, 너그 아버지 씨가 만들었지."

"하하하하."

거실 창으로 봄을 재촉하는 햇살이 유난히 따뜻하게 쏟아졌다. 이제 다시 지난봄처럼 파랗게 잔디가 솟을 것이다. 나무마다 봉오리가 솟고 푸른 잎이 돋을 것이다. 꽃은 가지마다 자신이 숨겨 둔 물감을 터뜨려 잎을 피울 것이다. 알록달록 울긋불긋 그때처럼 요술 세계가 또 어김없이 펼쳐질 것이다.

"그럼, 아버지는 어디서 낫지?"

어이없는 아흔 살 할머니. 우리 어머니.

"별 그지 같은 소릴 다 하네. 시끄렷!"
"궁금하잖아. 아버지의 아버지, 할아버지의 아버지, 그 할아버지의 또 아버지. 계속 올라가면 누가 있는 거냐고?"
"이런 참 나 원! 그만혀!"
"그렇잖아. 계속해서 끝까지 올라가면 누군든 있는 거잖아. 그렇게 계속 계속 그 끝에 있는 누군가는 또 어디서 낫냐고?!"

어머니 짜증 상황.

"몰러. 몰러. 지절루 낫 것지. 지절루!"
"사과도? 바나나도? 고구마, 방울토마토, 포도도 그냥 지절루?"

기어코 식탁에서 일어나신다. 귀찮다는 듯 몸을 돌려 햇살 가득한 소파로 향하신다.

"별 그지 같은 소릴 다 헌다. 그게 뭣이 그렇게 궁금하다냐. 골치 아프게스리. 골치 아파!! 그만혀!!!"

이내 널찍한 거실 창을 뚫고 소담스레 드리운 햇살을 덮는 어머니를 보다가 생각나는 이야기.

2.

어느 날 친구는 천체 망원경이 있는 친구 집에 놀러 갔다고 했다. 친구는 놀러 온 친구를 자기 집 옥상으로 데려갔고, 한참 망원경을 들여다보다가 친구에게도 보라고 했다.

"한번 봐 봐. 이게 화성이야."

망원경을 넘겨받은 친구 눈에는 좀 희미하게 보였지만 친구가 화성이라니까 그러겠거니 했다.

"아름답다. 수-금-지-화-목-토-천-해-명! 신기해. 보면 볼수록 신기해. 저 많은 별은 어떻게 해서 생겨났을까?"
"어떻게 생겨나긴 지절루 생긴 거지!"
"그런가? 보면 볼수록 신기해서 말이야."

얼마 뒤, 이번엔 망원경 친구가 아파트에 사는 친구 집을 방문했다. 현관문을 열고 들어서니 신발장 위에 수수깡으로 예쁘게 만들어 놓은 태양계 모형이 눈에 들어왔다. 망원경 친구가 반색하며 친구에게 물었다.

"우와!! 멋진데! 잘 만들었네. 이거 누가 만든 거야?"
"응? 누가 만들긴. 지절루 생긴 거야."

… **배웅**

"어이구! 그냥 방목해! 언제까지 끼고 살껴?"
"하나만 더 있어도 그러겠다!"

사는 게 뭔지. 사랑이 뭔지. 이런 노랫말을 흥얼거리면서도 정작 삶이 뭔지, 사랑이 뭔지 고갯짓하며 산다.

'딸내미가 뭔지.'

아내로부터 딸아이에 관한 내밀한 정보를 전해 들었다. 이젠 아빠의 반대를 생각해 아빠까지 거치는 중계는 피하는 게 낫다는 딸아이의 당돌함이 느껴졌다. 그럴 나이야 벌써 지난 건 알지만, 앞으로도 같은 방식의 생략이 얼마나 있을지 모를 일이다.

얘긴즉, 영국에 며칠 놀러 갔다 오겠다는 일방 통보였다.

"아빠! 난 영국 발음이 좋더라. 들으면 들을수록."
"좀 튀지. 침이."

일부러 영국 영화를 골라 보더니만. 지금쯤 서울행 KTX 안에서 아빠가 추천한 영화를 보고 있을 것이었다. 아니나 다를까. 열차 탑승 신호를 보내고는 '영화 〈아웃픽〉' 첫 장면을 캡처해서 보내왔다. 녀석이 좋아할 만한 영화였다.
그건 그렇고, 어젯밤에 체크리스트 들고 위아래 층을 한참 휘젓고 다녔으니, 제 깐에는 충분히 여행 가방을 꾸린 듯하다. 오늘 아침에는 자신이 늘 올라서던 저울에 여행 가방을 올려놓고는 '이렇게 무거운데 이십 킬로가 안 된다고?' 하면서 낑낑댔다.

비행기 출발 시각이 애매해서 인천에서 하루를 자야만 했다. 송도에 고모가 있으니 별걱정 안 했는데, 이런! 딱 필요할 즈음에 고모 가족은 베트남에 있을 거라고 했다. 결국 이냐시오 삼촌 집에 묵기로 하고 떠났다.

포항역에 내려 주었다. 가을 햇살이 역사 지붕에 걸쳤나, 여기저기 깍두기 그림자가 듬성듬성했다. 버릇처럼 딸아이와 하이 파이브를 했다.

"갔다 올게!"
"그래. 잘 갔다 와!"

녀석이 차 문을 닫고 성큼성큼 줄지은 택시 사이로 사라질 찰나 뭔가 이상했다.

"빵! 빵!"

급하게 클랙슨을 울렸다. 영문을 모르고 돌아보는 녀석 얼굴이 참 태평하다.

"가방 안 가져가?"
"아! 맞네. 헤헤헤!"

어이구, 화상아! 영국에서 미아 신고 뜨는 거 아니니?

··· 옷

1. 홍수환 & 양복점

　1974년 남아프리카 더반에서 열린 WBA 밴텀급 타이틀 매치. 나와 같은 동네에 살던 권투 선수 홍수환 님이 당시 챔피언이었던 '아널드 테일러'를 이기고 챔피언 벨트를 획득했다. 그리고 며칠이 지났을까 우리 동네 어귀에 있던 양복점 간판 이름이 바뀌었다.

　'홍 테일러'

　양복점 사장님도 홍 씨였을 것이다. 권투를 무척 좋아하고, 홍 선수의 KO 장면에 통쾌해했을 것이다. 나 역시 그 경기를 보고 인상이 깊었던 탓일까, 그 양복점을 지날 때마다 자주 간판을 올려다보곤 했다. 양복점 안을 들여다보기도 했으며, 긋고 자르는 주인장 손놀림까지 호기심의 눈요깃거리였다.

'맞춤 전문'이라.'

　기성복이라고는 변변찮았을 때였다. 나와 형, 동생, 심지어 아버지도 무릎이 불거진 바지를 입고 다녔다. 어쩌다 장만한 시장표 바지를 사 입으려면 너무 큰 걸 골라 준다 싶었는데, '빨면 준다'라는 어머니 말씀에 며칠간 그놈을 입고는 마당을 쓸고 다녀야 했다. 새 옷은 기분 좋은 일이지만 며칠 못 가 물에 한 번 들어갔다 나오면 놈의 길이가 댕강해졌고, 역시 며칠 못 가 툭 불거진 무릎 자국이 덜렁거렸다.

2. 체형
　언제부턴가 나는 내 체형에 대해서 이상해했다. 뭔가 내 몸에 잘 맞지 않는 옷에 대해서 의아심을 갖게 됐고, 특별하지 않은 한 와이셔츠와 타이 정장을 싫어하는 취향이 되었다. 나는 목둘레가 좀 굵은 편이다. 셔츠 목둘레가 맞으면 어깨가 조금 남았고, 팔 길이가 맞으면 목이 좀 거북했다. 선택의 여지없이 팔 길이를 맞춰 입고 다닐 양이면 목 단추를 풀었고, 목이 맞는 셔츠를 입을 땐 소매를 걷었다.

3. 안성맞춤
　내게 꼭 맞는 옷이 하나 있다.

　아내와 결혼을 앞두고 예복 차림을 위해 난생처음 양복점을 찾았다. 주인장과 이런저런 얘기 끝에 참 마음에 드는 원단을 골랐는데 그 값이 만만찮았다. 굳이 셈을 하자면 당시 유명 브랜드 기성복 세 벌은 살 수 있는 금액이었고, 웬만한 일반 맞춤 정장도 두 벌까지 너끈한 금액이었다. 그런데 옷감이 너무나 마음에 들었고, 한 번뿐인 결혼 예복이란 욕심에 예비 아내에게 이실직고하며 맞춤을 강행했다. 뒤에 부모님으로부터 '철딱서니 없는 녀석'이란 말을 듣기도 했지만. 어쨌든 나는 난생처음 내 몸에 꼭 맞는 옷을 입었다. 이를 안성맞춤이라고 했지. 훗날 두 번의 결혼식 주례에 난 그때의, 그 기분 좋은 옷감의, 그 안성맞춤을 입었다.

4. 해외 직구

주변인들이 이것저것 해외 직구를 많이 한다는 얘길 듣기만 했지, 해외 직구로 옷을 사는 건 처음이었다. 어느 날 우연히 찾게 된 해외 사이트에서 디자인이며, 색상이며, 밴딩 마감이 좋아 보여 점퍼 하나를 주문했다. 해외 사이트라도 역시 내 몸에 맞는 크기는 'XL'이 가깝구나. 친절하게 적정 신장까지 표기되어 있었고, 내 키보다는 좀 작은 듯했지만 나름 만족스러운 주문이었다.

역시 중국 시장이 큰가 보다. 전자 제품부터 별별 아이템까지 수백 가지가 넘었다. 나는 배달되는 점퍼가 내 몸에 잘 맞는다면, 다른 디자인의 옷도 몇 점 더 살 요량으로 이 옷 저 옷 이미지를 아내에게 보여 주기도 했다.

'광조우'로부터 배를 타고 육로를 거쳐 근 일주일을 넘겨 도착한 꾸러미를 받아 들었다. 포장이 허름했다. 성의가 없다. 중국산이라고는 하지만 8만 원이면 내가 본 다른 옷들에 비해 그리 싼 것도 아닌데. 포장을 과감하게 뜯어 옷을 꺼냈다. 그런데 사진에서 본 느낌과 사뭇 달라 실망하던 찰나, 한쪽 팔을 넣어 보고 놀랐고, 나머지 한쪽 팔마저 걸치고는 죽상이 되었다. 아주 큰 체구인 최홍만 님 정도는 돼야 맞을 법한 아주아주 큰 점퍼를 걸치고 있는 모습이라니. 어떻게 이런 일이.

결국 구매 사이트로 돌아가 반품을 위한 도움닫기를 시작했다. 겨우 찾아낸 반품란에 이러쿵저러쿵 내가 처한 황당한 상황을 알렸다.

'내가 원한 건 XL인데, 도착한 건 3XL이다. 교환을 요구한다.'

하루가 지나 답장이 왔다.

'당신이 주문한 건 3XL이 맞다. 우리가 취급하는 XL은 US Size이며, US Size의 XL은 Our Size의 3XL이다. 우리는 너의 주문을 정확히 준비해서 보냈다.'

화가 올라왔다. 그럴 리가. 믿을 수가 없었다. 내가 주문한 내용을 다시 찾아봤다. 분명 XL로 주문한 건 맞았다. 사이트를 파고들다시피 해서 해당 상품 페이지를 다시 찾아냈다.

'헐!!'

주문 카테고리는 S-M-L-XL-2XL-3XL라고 되어 있는 게 맞았다. 그런데 그 카테고리 앞에 작은 글씨 US Size라는 표기가 고정되어 있었다. 세부 사이즈 표를 다시 찾아보았다. 맨 첫 줄에 Our Size라는 표기가 있고, 그 밑줄에 US Size가 매칭되어 있었다. 결국 사이즈를 유심히 헤아리지 못한 내 탓이었다. 내게 맞는 Our Size는 XL이 맞지만, Our Size XL에 매칭된 US Size는 'M'인 거였다. 결국 내가 주문한 XL은 US Size로 읽힌 셈이고, Our Size 상 3XL을 주문한 셈이 된 거였다. 복잡하지만 하여튼 그랬다.

5. 해외 소포

우체국을 찾았다. '광조우 올림픽'이란 말은 살가운데, 광조우로 가는 소포는 참 낯설었다. 우체국 직원이 건넨 "추적할 수 있는 등기 소포로 보낼까요?"라는 말에 무심결에 그러라고 했다. 허접하게 당도했던 비닐 꾸러미를 그대로 테이핑해서 저울에 올렸는데, 해외로 가는 소포는 상자에 넣어야 한다고 했다. 다시 상자에 담아 저울에 올렸다.

"3만 5백 원입니다."

헐!!! 8만 원짜리 옷이 갑자기 11만 원으로 둔갑하였다. 서너 차례 편지로 펜팔 친구가 돼 버린 광조우 친구 'Kivi'가 던진 다른 설명이 눈앞에서 함께 맴돌았다.

'반품되는 아이템을 받은 후, 교환을 요구한 M Size 옷을 보낼 것이고, 다시금 그에 대한 탁송료 지불 방법을 알려 줄 것이다.'

'헐! 또 다른 탁송료를 나 보고 내라고? 그 돈까지 합치면 대략 15만 원 가까이 되겠는걸.'

오랜만에 맞춤옷을 만난 것처럼 기분 좋은 직구였는데, 과외비 한 번 톡톡히 치른다 싶었다. 그런데 실제로 잠깐 입어 본 '메이드인 광조우 점퍼'가 마음에 들긴 들었던 건지 잘 모르겠다.

… 같은 뜻
다른 기억

1. 쓰레빠

쓰레빠! 여과되지 못한 말의 역사. 그땐 그렇게 불렀다.

합성 고무를 통으로 찍어 내 어지간해서는 등줄이 터지지 않았다. 월척은 아니어도 아버지 손보다는 커서 고사리손 꽁지깃 잡듯 흔들면 제법 묵직한 춤을 추었다. 쉬는 시간마다 운동장 흙구덩이를 누비며 뛰놀다 발가락 사이에 흙모래가 들면 깨금발로 탈탈 털어 신었고, 화를 돋운 동무에게 응징 무기로 제기 차듯 손에 올려 던지며 장난하던 쓰레빠. 방과 후면 신발장에 아무렇게나 쑤셔 넣어서 늘 청소 당번한테 이리저리 섞이는 신세가 되기 일쑤였고, 다음 날 제짝을 찾으려고 분단마다 돌며 뒤뚱거리기도 했다.

급기야 쓰레빠는 등줄보다 바닥이 먼저 갈라졌다. 이제는 새것을 신을 수 있겠다 싶어서 갈라진 부위를 더 힘껏 늘이는 못된 심보도 동했다. 그러나 바람일 뿐, 아버지가 그 쓰레빠에 송곳으로 여기저기 구멍을 내길래 더는 못 신게 하는 줄만 알았는데, 다음 날 나일론 줄로 응급 처치 된 놈을 다시 입을 삐죽이며 가져가야 했고, 중학생이 된 형이 하얀 실내화 주머니를 들던 날 나는 발볼이 늘어난 헐렁이는 쓰레빠를 또다시 받아들여야 했다.

2. 슬리퍼

발등을 감싸고 두른 합성 피혁이 갈라지고 찢어져 급한 마음에 응급 처방으로 샀던 동네 X 마트 사무용 슬리퍼. 그놈을 신고 두 해 겨울을 보냈으니 본전은 뽑은 셈이다. 구매할 때부터 속아 버린 크기 때문에 신으면서도 미심쩍었지만, 그래도 인연치곤 그나마 정이 든 놈이다.

사실인즉, 일반적으로 슬리퍼란 자기 신발 치수보다 한 치수 크게 신어야 잘 맞는다는 통설이 있지 않나. 아주 오랜만에 한 번씩 상기되는 이 진실 게임에 설령 거짓일지라도 한 치수 큰 놈을 살 수밖에 없었다는 거.

그런데 신고 있던 놈은 사무실이건 복도건 다닐 때마다 뒷굽이 조금씩 남아도는 것이 마치 아이가 어른 신을 신은 듯 모양새가 영 어색했고, 치수가 크다 보니 발놀림도 붙는 맛이 없어 걸음마다 헐겁게 흔들리는 등줄을 잡기 위해 박자 맞추듯 엄지발가락을 씰룩여야 했다. 또 작은 놈이 큰 놈을 끌고 다니는 것 같아서 조금만 빨리 걸을라치면 뒷굽이 달그락달그락 요란을 떨었다.

인터넷 쇼핑몰을 뒤져서 내 발에 꼭 맞는 놈을 다시 찾아보기로 했다. 아니나 다를까 자기 신발 치수보다 한 치수 큰 걸 고르라는 상점이 여전했다. 한 번 더 속는 셈 칠까 하다가 다른 표현 없이 본인 치수만 나열한 곳에서 개중에 친숙한 수치를 찾았다.

그놈을 신은 첫날이다.
순간의 선택이 2년(인연)을 좌우한다.
어쭈! 걸음걸이가 모델 같다. 자꾸 쳐다보게 되는 발끝. 이도 인연 맞다. 꼭 맞다.

… 파란 마음
하얀 마음

1.
  그땐 왜 그랬는지 모르겠다. 선생님은 아이들 탓으로 돌리기도 했지만, 가끔 아니 아주 이따금 오락 시간이 주어졌다. 요즘 같으면 말이 안 되는 소리다.

"진도… 어디까지 했지?"

아이들은 교과서를 뒤적거렸다.

"57페이지요!!"
"음… 그래? 좀 빠르네!"

혼잣말인 듯한 선생님 말씀에 이때다 틈새를 공략하는 아이들.

"선생님!! 공부하기 싫어요."
"뭐야??!!"
"아이이잉~ 진도 너무 빨라요."

선생님 눈이 엷게 펼쳐졌다. 교실 밖은 화사하고 산들바람이 불었다. 선생님은 창밖을 내다보다 옅은 숨을 내쉬었다.

"그래라. 오락부장!!"

오락부장. 재밌는 호칭이다. 그랬다. 그땐 오락부장이 있었다. 감투는 아닌 셈이고 그냥 너나 내나 그렇게 몰아치기로 추대한 그가 있었다. 꽤 웃길 줄 알고, 춤이며 노래며 한가락 할 줄 아는 녀석이 있었다.

"야! 너, 나와!!"

밑도 끝도 없었다. 오락부장은 그냥 삿대질처럼 찔러댔다. 그렇다고 아무나 찌르는 건 아니었다. 오락이란 굴레에서 그나마 박수갈채를 받았던 친구들이 순서라도 있는 양 오락부장 메모리에서 하나씩 튕기어 나왔다.

"백마~강~~에 고요~한 달~밤~~아~~"
"가~~~라~앙~잎이 휘날리는 전선의 다~알~~빰!"

용철이는 정말 잘 불렀다. 체구가 작은 친구였는데 어쩌면 그렇게 구성진 목소리를 가졌는지. 참으로 구성진 목소리에 고부라진 옷걸이 꼭지처럼 맛깔나게 잘도 꺾었다. 그렇게 인기 있는 녀석들 노래와 춤이 몇 차례 돌다가 어김없이 불리던 촌스러운 내 이름. 이놈의 인기를 어쩌겠는가. 나는 용철이 같은 목소리는 못 가졌어도 '누가 누가 잘하나!' 버전의 꾀꼬리 목청이 있었다. *(누가 누가 잘하나: 어린 시절 TV 프로그램이었던 어린이 동요 노래자랑 방송)*

"해는 져~서 어두운데 찾아오는 사람 없어. 밝은 달~만 쳐다보니 외롭기 한이 없다~~"

동요의 정석. 강약을 타고 떨림음 없이 정직하게 지르는 목소리. 노랫말과 어우러진 외로운 곡조 나의 '고향 생각'도 오락 시간 단골 레퍼토리였다.

2.

중학교는 사방이 온통 논두렁인 부평 평야에 있었다. 푸르스름한 파스텔 색조의 학교 건물에 한 반마다 70명 가까이 복닥거렸다. 학교 담장만 넘으면 곧바로 메뚜기를 잡을 수 있었고, 학교가 파하면 아이들은 사방팔방 논두렁을 타고 개미행렬처럼 새까맣게 흩어졌다. 중학교에 오기 전 개구리를 잡겠다며 광활한 논과 둑길을 헤집고 다녔고, 물먹은 고무신이 삐죽거리다가 훌러덩 벗겨져 깨금발을 하며 놀던 곳이었다. 지금이야 빼곡한 건물과 아파트 숲으로 답답한 미로의 도시가 됐겠지만.

1층 모퉁이에 있던 음악실은 교회당처럼 기다란 의자가 여러 개 놓여 있었다. 답답한 교실을 벗어나 고래고래 소리를 지를 수 있는 음악실을 나는 그다지 싫어하지 않았다. 피아노 치는 선생님, 노래 부르는 아이들. 다른 반 수업에 방해된다고 따로 마련된 음악실이었다. 그렇게 이틀에 한 번꼴로 꾀꼬리들 합창이 학교 운동장을 가로질러 논두렁에 울려 퍼졌다.

선생님은 임시 교사였다. 볼록한 배를 잡고 드럼스틱을 두드리며 매섭게 노랠 가르치던 원래의 음악 선생님이 출산 휴가를 떠나는 바람에 대신해서 온, 검정 머리 끈으로 긴 머리를 묶은 음악 선생님.

"동방에 아름다운 대한민국 나의 조국
반만년 역사 위에 찬란하다 우리 문화
……
완전 통일 이루어~~~"

그 시절 음악책에 실렸던 노래. '우리는 민족중흥의 역사적 사명을 띠고 이 땅에 태어났다… 반공 민주 정신에 투철한 애국 애족이 우리의 삶의 길이며…' 당시 달달 외웠던 국민교육 헌장을 녹여 낸 곡이라고나 할까. 까까머리 중학생들이 가슴을 내밀고 '조국 찬가'를 목청껏 불렀다. 뒷날 여러 가수 음반 끄트머리에 의무적으로 실어야만 했던 소위 건전 가요라고 불리던 노래이기도 했다. 노랫가락에 힘이 있고, 우렁찬 기개가 오르는, 노랠 부를 때면 나도 모르게 목청이 곧게 뻗어 올랐던 그 노래.

한참을 같이 부르다가 선생님은 한 사람씩 순서대로 부르게 했다. 한 소절씩 부르게 하다가 잘 부르면 두 소절이 이어졌고, 그나마 더 들을 만하면 1절을 다 부르게 했다. 1절을 다 부른 나는 휴~ 하는 숨소리와 함께 박수갈채를 받았다. 아직도 또렷하게 기억에 남아 있는 그 음악실과 선생님.

수업을 마치고 선생님이 나를 불렀다.

"목소리가 좋구나!"

그때 선생님에게 계속 노래를 해 보겠다고 조를 걸 그랬나. 선생님은 한동안 방과 후에 나를 음악실로 불렀다. 선생님은 피아노를 쳤고 나는 생전 듣도 보도 못한 노래를 불렀다.

"자~~ 한번 불러 보자."

한 소절 반주를 들려주고 노래를 부르게 했다. 가사가 참 재밌었다.

"한 촌사람 하루는 성내 와서 구경을 하는데. 이 골목 저 골목 다니면서 별별것 보았네. 맛 좋은 냉면이 여기 있소. 값싸고 달콤한 냉면이오. 냉면 국물 더 주시오. 아이구나 맛 좋다~"

선생님은 신나 했다. '잘한다'를 연발하며 이 노래 저 노래를 더 부르게 했다. 때로는 감미로운 피아노 연주에 녹음기를 틀어 놓고 시를 읽게 하였다. 선생님은 피아노를 쳤고, 나는 시간 가는 줄 모르고 쨱쨱거렸다. 지금 생각해도 흐뭇한 기분이 드는 잊을 수 없는 중학교 1학년의 신나는 오후였다.

그러던 어느 날의 점심시간. 운동장을 내달리며 공을 차고 뛰놀던 그날. 운동장 스피커에서 울려 퍼지는 익숙한 피아노 소리와 나의 노래.

"우리들 마음에 빛이 있다면~
여름엔 여름엔 파랄 거여요~
산도 들도 나무도 파란 잎으로~"

그날이 그려지며 떠오른 ○영숙 선생님. 지금 어디에 사실까.

... **축구
소년**

그때 부평역 광장은 연탄 공장 분진이 섞인 검정 색깔 흙밭이었다. 공을 차거나 빼앗는 작은 몸짓에도 흙먼지가 입으로 쏟아져 들어왔다. 요즘 같으면 '에구 야야! 그 먼질 쓰고. 아서라!' 할 텐데. 무엇이 그리 좋았을까. 축구를 한답시고 뜀박질을 끝낼 때면 얼굴과 목에 여러 갈래 시커먼 먼지 주름이 남았다.

지금은 평가 절하인 장난감이었지만, 당시 나는 축구공 모양을 본떠 만든 짝퉁 축구공 하나가 있었다. 제법 그럴싸한 검정 육각형까지 그려진 고무공이었다. 손으로 주무르면 물컹하게 찌그러졌다. 그나마 마을의 또래 중엔 나만 가지고 있던 거여서 뿌듯해했고, 나를 중심으로 축구 경기가 소집되는 우쭐함이 있었다.

우리 집 대문을 포함해서 작은 마당 곳곳이 나의 축구장이었다. 이리 차고 저리 차고, 여느 모서리에 맞을 양이면 배추 손질하는 어머니

양동이에 가서 처박혔다.

오히려 대문 밖은 우리 집 마당보다 좁았다. 그러거나 말거나 친구 S의 한옥 대문에서부터 우리 집을 기역자로 가로막고 있는 모퉁이 벽돌집까지 드리블과 슛 연습을 하는 건 하루 중 빼놓을 수 없는 즐거움이었다. 물론 그 모퉁이 집 주인이 낮에는 늘 없다는 확신이 나의 자유로움과 용맹함을 만끽하게 했다.

같은 또래인 B는 내 슛에 골키퍼를 자처했다. 내심 골키퍼가 싫었겠지만, 축구공 주인의 알량한 특권 때문에라도 키퍼를 먼저 하겠노라고 해야 순서를 바꿔 공을 차 볼 수 있었을 것이다.

동네에서 축구 좀 한다는 녀석들이 부평역 광장에 모여들곤 했다. 나의 포지션은 오른쪽 윙을 넘나드는 공격형 미드필더였다. 얼굴에 버짐이 핀 몰골이며, 당시 별명도 그랬지만 '와리바시'였던 가느다란 다리로 축구 좀 한답시고 땀 깨나 흘리고 다녔다. 몇 살 더 먹은 형들이 성사한 이웃 동네와의 시합에는 수비수로 쳐지긴 했지만, 육상 선수 어디 가겠나. 기회를 잡으면 공격 포인트를 올려서 시합이 있는 날이면 형들은 나를 먼저 찾곤 했다.

까까머리 아이들의 헐렁이 바지춤!
강아지들처럼 공을 따라 몰려다니는 풍광!

중년의 기억 속 '부평역'이 흑백 사진처럼 걸려 있다.

... 네가
태어나던 날은

몹시 추운 겨울이었다.
아침 10시, 엄마는 아기를 낳을 때가 된 것 같다고 아빠에게 말했다.

'이크! 큰일 났네. 아기가 나온다고? 내가 아빠가 된다고?'

1998년 1월 4일. 새해맞이 경사긴 하지만 모두가 쉬는 일요일 아침에 이게 웬 말씀이신가 말이다.
엄마 배 안에서 양수가 비치고 있었다. 엄마는 나직하게 아빠에게 말했다.

"의자 가져다줘."
"응? 의자? 응! 응!"

아빠는 지레 헐떡이며 의자를 가져다주었다. 엄마는 배를 조심스럽게 잡고 가만히 앉았다.

"빨리 병원에 가야지!"
"……."

도리어 엄마는 하얗게 질린 아빠 얼굴을 그냥 바라만 봤다. '그냥 내가 알아서 할 테니까, 호들갑 떨지 말라'라는 표정이었다. 아빠는 생각했다. '어떡해야 하지? 뭘 해야 하지? 가만있어 봐, 어딘가 연락을 하긴 해야 할 것 같은데, 의사? 외할머니? 아니야, 지금 당장 어디든 병원에 가는 게 맞잖아' 등등 머리에 오만 가지 생각이 제트기를 타고 나는데, 어떤 놈을 잡아야 할지 판단이 서질 않았다.

"제발, 가만히 좀 있어. 내가 알아서 할 테니까."

엄마는 얕은 숨을 몰아쉬다가 더 큰 숨을 쉬기 시작했다.

"병원에 가자!"
"아니! 아니야! 아기가 나오려면 아직 멀었다니까."
"그렇다고 집에 이러고 있어?"
"……."

엄마의 거친 숨소리만 돌아올 뿐, 아빠는 초긴장이었다.

"뭘 좀 먹어야겠어!"

그 옛날 아빠가 할머니 배에서 나오기 전, 할머니는 기운을 차리기 위해 꼭두새벽에 푸줏간 문을 두드렸다는 얘기가 떠올랐다.

"뭘 먹지?"
"그냥, 집에 있는 국에 밥 말아 줘."
"응! 응!"

아빠는 허겁지겁 아침에 먹던 국에 밥을 말았다. 딱히 형체도 없이 별의별 생각이 아빠 머리에서 빠져나가는가 싶더니 여기저기 부딪치고는 다시 머릿속에서 텀블링했다.

정오가 지나면서 아빠 마음만 다급해졌다. 세상은 정적으로 숨을 죽였고, 아무도 우릴 도와주지 않는 것만 같았다. 그저 엄마의 거친 호흡과 그런 엄마를 안절부절 바라보는 아빠 눈동자만이 벽시계와 힘겨루기를 했다.

"전화 좀 줘 봐!"

오후 2시. 드디어 엄마가 말을 했다. 아빠는 벌떡 일어섰다. 아, 드디어 엄마가 뭔가 작정을 한 모양이었다. 엄마는 늘 다니던 산부인과에 전화를 걸었다. 그런데 아뿔싸! 의사가 없다는 거다. 5시께나 돌아온다는 거였는데, 아빠 가슴은 지푸라기 타듯 하는데 엄마는 무사태평이다. 초조한 시간만 그렇게 흘러갔다.

드디어 병원에서 전화가 왔다. 의사 선생님이 오셨다는 전갈이었다. 두꺼운 외투로 엄마를 감싸고 매서운 칼바람을 막아서며 육교를 건너 병원에 들어섰다. 오후 5시 30분. 엄마의 팔에 링거가 달리고 10분여 지났을까. 본격적인 진통이 시작되었다. 세상의 가장 큰 고통이 아기를 낳는 고통이라고 했나. 엄마 배 속에서 아빠에게로 향한 생명의 움직임이란 게 이렇듯 처절한 고통이란 말인가. 하얗게 바랜 엄마 얼굴에 땀이 넘쳐 났고 배 속 아기가 움직일 때마다 엄마는 힘겨운 몸부림과 함께 아빠의 손을 꼭 쥐었다.

산통 중에 가끔 엄마의 눈과 아빠의 눈이 마주쳤다. 아빠는 엄마에게 무슨 얘기든 해 주어야 한다고 생각만 할 뿐, 그저 엄마의 호흡 때마다 맞잡은 손에 힘만 줄 뿐이었다.

드디어 7시 5분, 아기가 엄마 배를 박차고 나왔다. 아빠는 외할머니 손을 잡고 고개를 떨구었다. 그리고 감사 기도를 드렸다. 아빠 눈에서 자꾸만 눈물이 흘렀는데 얼굴은 웃고 있었다. 아녜스! 그날이 오늘이구나. 생일 축하해!

## 장 안셀모가 하는 일

인천의 한 주택가 성당. 가톨릭에 갓 입문한 고등학생 까까머리가 중학생 까까머리 아우를 만났더랍니다. 아우는 두상이 좀 커서 솔직히 다른 나라 사람 같았습니다. 그때 그의 인상은 좀 굳어 보였지만, 큰 머리에 빨간 복사모가 참 잘 어울리는 애어른 같은 친구였습니다.
(복사: 가톨릭 미사 때 신부님 옆에서 미사 집전을 돕는 이)

그 세월이 40년이 훌쩍 넘었습니다. 그렇게 세월을 넘어 중고등학교 시절을 보내고, '대학에 가네', '입대하네', '유학을 가네' 하면서 또 한세월을 거르고, 장가갈 무렵 다시 만나 지금에 이르렀고, 지난달엔 우리 집에 와서 밤새 노래를 불렀습니다.

그는 그가 하는 일이란 게 크게 내세울 일은 아니라고 하지만, 때때로 형을 숙연하게 만들고 민망하게 합니다. 형이 하지 못하는, 나의 아우 장 안셀모가 하는 일입니다. 마음으로 한번 보아 주세요.

https://www.youtube.com/watch?v=w3-ykofBw2I
(유튜브 검색 키워드: "바오로 정원 장정혁" / 영상 시간 12분)

고마운 인연

고마운 인연!
내게 허락된 시간과 공간에 자리했던 참 고마운 인연이에요.
무에서 유(Yoo)를 얘기하듯, 풍성한 수확을 선물해 주었어요.
하얀 캔버스에 켜켜이 덧칠해 놔서 누구는 얼룩덜룩하다고 할지 모르지만, 난 아무리 보고 또 봐도 따듯하게 도드라진 예쁜 그림만 보여요.
절제된 생각, 정제된 마음, 가끔 가슴 두근거리듯 다급한 마음이 드는가 싶어도, 마치 요술 거울을 지닌 것처럼 남이 느끼지 못하게 다시 피어나는 참 고마운 얼굴이에요.

"그렇게 살아왔고, 앞으로도 그렇게 살 거야!
내 판단이 틀리지 않았고 바람도 같아 기분 좋네.
그동안 참 든든했어!!!" - 팀장 -

팀을 떠나는 직원에게 보냈던 안녕 글.
그 어느 날 그녀와의 대화.

'유 선생은 상사한테 어떤 말을 가장 듣고 싶어? '
'음… 글쎄요? 생각 안 해 봤는데, 갑자기 물으시니….'
'…….'
'음…, 든든하네?!'
'든든하네?! 음, 참 좋은 말이네. 나도 듣고 싶다!'

⋯   자전거

'자전거 탄 풍경'이란 노래꾼이 있다. 그들 이름을 처음 접했을 때, '어쩜 이리도 아름다운 말을 가져다 썼을꼬' 했다. 시구(詩句)에나 쓸 법한 말을 자신들의 그룹 이름으로 먼저 가져다 쓴, 괜스레 심술이 났다. 말 그대로 자전거를 타고 바라보는 풍경이란 말인데, 생각만 해도 미소가 번지지 않는가.

난 자전거를 무척 좋아했다. 아직도 기억이 생생하다. 처음 자전거를 배운 게 초등학교 4학년이었다. 도심에서 살았지만, 자전거포(그 땐 '자전거포'라고 불렀다)에서 돈을 주고 빌려 타던 때였다. 50원을 주고 30분간 내 차지가 된, 안장이 허리만큼 왔던 나의 첫 번째 자전거! 그나마 살림이 괜찮은 집 친구들이 타던 모습이 몹시도 부러워 용돈을 모아 벼르고 별러 결행한 사건이었다.

그런데 자전거를 탈 줄 몰랐다. 그때 내 머릿속에 어떤 집념과 계략이 있었던 것인지 알 수 없다. 한 번도 타 보지 않았던 자전거를 빌리는 당돌함이 어찌 있었을까.

자전거포 주인에게 탈 줄 모르는 모습을 보여 주기 싫어서 길모퉁이까지 아슬아슬하게 뒤뚱거리며 끌고 갔다. 안장에 앉아 넘어지기를 몇 차례. 운 좋게 완만한 내리막길을 만나면서 요령을 터득했고, 남 도움 없이 탈 수 있게 되었다.

그로부터 열일곱 살이 된 캄캄했던 어느 날 밤, 공사로 어수선했던 길을 달리다 뒤따르던 택시가 나의 자전거를 들이받았다. 나는 공중 부양했고, 자유 곡선을 그리다 차 앞 유리에 부딪힌 뒤 땅에 곤두박질했다.

군에서 제대하자마자 다시 양쪽 손잡이가 아래로 고부라진 자전거를 타면서 신나게 돌아다녔다. 그러나 예기치 않게 찾아온 고통의 肛門질환. 또다시 반강제로 자전거와 이별을 해야 했다. 그리고 40대 후반에 다시금 잡게 된 나의 애마 '비앙키'.

- 뽀권: 경추 디스크 시술을 받은 그는 딸아이 혼사를 마치고 평지 라이딩부터 다시 시작하겠다고 했다.
- 뽀경: 요추 디스크 시술을 받은 그는 의사의 말을 빌려, 재활이 끝나면 다시 시작하겠다고 했다.
- 뽀오: 그는 애지중지 열심히도 타 왔던 노마를 물리치고, 미끈한 새 애마를 얻었다고 했다.

- 뽀킴: 나도 주택 마당질과 작업실 완공을 마쳤다.

다시 시동 걸자. 뽀빠이 특공대!

뽀빠이 = PPoBBike(포스텍 바이크 동호회)

··· 무리수

부쩍 쌀쌀해진 날씨. 배추된장국은 언제 먹어도 맛있다. 마시다시피 한 그릇을 비웠다. 사과 한 개, 귤 몇 개를 챙겼다. 알음알음 들었던 '도등기산장'을 가 볼 요량이었다. 자동차 꽁무니에 자전거를 동여매고 '신광'으로 달렸다.

9시 55분 경락한의원.
곧바로 경북수목원 정상까지 8km 오르막이다. 운동량 부족이다. 거짓말이 없는 MTB. 대퇴와 비복이 헐떡이는 숨과 엇박자를 냈다.

'차츰 나아지겠지.'

8부 능선쯤 회음부가 아파져 왔다. 안장을 바꿔야 하는데.

10시 55분 수목원 정문.

생각보다 인적이 적다. 간혹 자동차 두어 대가 들어갔을 뿐. 지난밤 지도를 펼쳐 목적지까지 가는 주요 길목을 적어 자전거 핸들에 붙여 두었다. 어제보다 더 차가워진 바람에 메모지가 몸을 떨었다. 알싸한 가을 정취가 머리부터 발끝까지 파고들었다. 눈을 감고 느끼고 싶은 감성. 본격적으로 빛이 드는 산기슭 단풍이 한껏 자랑질했다.

초행길.

'상옥'쯤 되는 모양이다. 조용한 분지마을. 이렇게 예쁜 마을이 여기에 숨어 있었구나. 한적한 마을을 관통해 69번 도로에 올랐다. 기분 좋게 이어지는 매끄러운 도로. 참 좋은 길인데 정말 차가 없다.

'이크!'

갑자기 나타난 비포장길. 여전히 인적이 없다. 대략 반 시간 정도마다 겨우 한 대씩 지나는 자동차가 먼지를 일으켰다. 건조한 날씨에 뽀얗게 앞을 가리는 먼지를 안 마시려고 요령을 부리다가 숨이 가빠져서 더 세게 들이켰다. 연말마다 남는다는 예산, 이런 예쁜 길도 포장해 주면 얼마나 좋을까.

초행길은 가늠자가 없으니 무덤덤하고 멀게만 느껴진다. 한양길 괴나리봇짐 길손처럼 적막감이 엄습했다. 누구라도 같이 왔으면 좋으련만, 홀로 가는 길이다 보니 별별 생각이 다 들었다. 불쑥 멧돼지라도 나올 것 같은 정적이 자전거 뒷바퀴에 와서 자꾸만 부딪혔다.

'이 길을 곧장 가~면 구불구불 고갯길~ 그 마을엔 복스러운 며느릿감이 있다던데~'

누군가 불렀던 시골 정취. 노랫말 같은 정겨움이 느껴졌다. 여름 내내 사람들로 붐볐을 흔적들이 듬성듬성 보였다. 이따금 찾아와 도시락이라도 먹으면 참 좋겠다 싶었다. 고개를 들어 한껏 숨을 들이켰다.

"월월!! 바우바우!!!"

웬 개소리? 두 놈쯤 되는 거 같다. 소리만 들어서는 덩치깨나 있는 쉐이들인데? 아뿔싸! 낭패! 10시 방향 레이다에 들어온 '거무튀튀'와 '희끄무레' 두 놈이 목줄이 풀린 채로 길길이 날뛰면서 길가로 달려 나왔다.

'옴마야! 미치겠네!'

완만한 내리막이지만 비포장이다. 속도를 내기가 애매했다. 그럭저럭 줄행랑을 놓는데, 이놈들 포기하지 않고 줄기차게 따라왔다. 쌍 이빨을 드러내고 내 왼쪽 아킬레스건을 노렸다.

'참~나, 이 쉐이들을.'

소리도 못 지르겠고. '쉑~ 쉑~ 쒸익, 쒸~~익' 마른침을 튀겨 가며 온몸에 기를 모아 헛바람을 토해 냈다. 쉰 살 꼬락서니라니. 나무 막대라도 쥐었다면 휘젓기라도 하겠구먼, 양손은 핸들에, 양발은 페달에 묶여서 그렇게 헛바람만 '쉬익쉬익' 내뱉었다. '거무튀튀'는 반백 미터 따라오다가 포기했는데, '희끄무레' 이 녀석은 줄곧 이빨을 드러내며 포기하지 않고 따라왔다. 목덜미가 써늘해지고 등골에 식은땀이 흘렀다. 이런 봉변이라니. 참 나 원. MTB 타다 별꼴을 다 당한다.

학생야영장 푯말.

'음, 제대로 찾은 것 같군.'

적막강산 길게 한숨 놓고 쉬어 가자. 집 생각이 났다. 그리고 오늘은 다들 바쁘다던 뽀빠이 멤버들이 생각났다.

'이 길이구나. 도등기산장.'

또 다른 샛길로 좁은 산길이 시작됐다. 진입로부터 버거웠다. 겨우 손수레 한 대 오를 만한 비탈길에 3인 가족이 앞서가고 있었다. 가쁜 숨을 토해 내면서 '죄송합니다!'를 연발해 한쪽 길을 얻어 냈다.

"아이고! 정말 대단하시다! 아니, 어찌 이 길을. 선수신가?"

짤막한 아주머니 뒷말에 아드레날린 폭발이다. 멈추면 자빠질 가파른 언덕에서 힘이 솟구쳤다. 이런 게 객기구나.

와! 길이 갈수록 높아졌다. 초행길과 달려온 거리, 아직 끝이 아니라는 예측할 수 없는 막막함을 물어뜯으며 쉼 없이 페달질을 했다. 마침내 산장에 도착했다. 또 다른 개쉐이가 짖었다. 이번엔 셰퍼드다. 땅에 박혀 있는 목줄 말뚝이 뽑힐 것처럼 이리저리 흐느적거렸다. 으이구. 개눔덜.

"어서 오세요."
"안녕하세요. (잠시) 아주머니! 여기가 '도등기산장' 맞나요?"
"네."

(어쩌고저쩌고)
(이러쿵저러쿵)

"혼자 와서 닭백숙 먹기는 좀 그렇고요. 라면은 없어요?"
"에구, 그런 건 없는데. (난처한 표정) 그냥 우리 먹는 밥이라도 드시고 가실래요?"

이렇게 고마울 수가. 지나가는 과객에게 이렇게까지 말씀해 주시다니. 그러나 그럴 수는 없었다. 누구라도 함께 왔다면 염치를 굴릴까. 아니 백숙을 주문했겠지만. 물 한 잔 얻어 마시고 다음에 오겠노라 하고는 종주를 강행했다. 나가는 길목에 또 다른 개눔덜.

남은 종주 길은 멀지 않았다. 거친 돌길이 분명한데 낙엽이 덮고 있었다. 낙엽만 없다면 좋으련만. 결국 미끄러지고 휘청이다 우당탕 자빠졌다. 왼쪽 무릎 손상 2.5인치. 드디어 국도를 밟았다. 우현으로 10리 '팔각산' 주차장이 나타났다.

'아!'

순간 너무 멀리 왔다는 걸 깨달았다. 오만 가지 생각이 뽕망치를 얻어맞고 있었다. 1시 24분. 차를 세워 둔 곳부터 달려온 산길 3시간. 다시 넘어온 산길을 되돌아간다면 다시 3시간이지만 바닥난 체력과 기억된 산세로 볼 때 더 걸릴 것이다. 점심도 거르고 사과 한두 입에 겨우 혈당만 유지하는 형국인데 돌아갈 길을 생각하니 앞길이 캄캄했다. 그보다도 달려온 길을 다시 되짚어가는 건 정말 싫었다. 그 '희끄무레'와 '거무튀튀'가 사천왕을 흉내 내며 내 정신머리 양쪽에서 으르렁거렸다.

'그래, 국도로 달리자. 속도도 낼 수 있고 비포장보단 훨씬 낫겠지.'

'팔각산'에서 7번 국도까지 무지하게 멀다. '삼사해상공원'부터 '장사'까지 무지무지 멀다. 칼날 위에 앉은 것처럼 회음부가 비명을 질렀다. 어깻죽지와 목덜미가 뻐근하다 못해 마비가 올 지경이었다.

3시 30분. 장사해수욕장 서울해장국.

이렇게 맛있는 해장국이 어디 있을까. 숟가락으로 선지를 똑박똑박 쪼갰다. 허겁지겁 뚝배기 바닥을 훑었다. 늦어 버린 점심에 온몸이 너덜거렸다. 하늘을 봤다. 날이 흐려졌다.

'곧 어두워질 거야.'

다시 두려움이 몰려왔다. 자동차로만 달리던 도로를 자전거로 얼마나 걸릴까 생각하니 오금이 저렸다. 5시면 해가 누울 텐데. 라이트도 없이 나왔는데.

'남호'를 지나 '구계휴게소'-'경보화석박물관'-'보경사'-'월포사거리'-'비학산칼국수'까지 진짜 멀다. 비학산 정상에 해가 걸렸다. 4시 41분 경락한의원. 진주색 내 애마 옆구리가 눈에 들어왔다. My Car! 정말 사랑스러운 내 차 토스카!

판소리 흥부전에서 놀부가 부르는 대목이 흥겹게 떠올랐다.

'화초장! 화초장! 화초장 하나를 얻었다! …… 초장화? 장화초? 화장초??'
'마이카! 나의 차! 토스카! …… 스카토? 카스토? 카토스??'

"크~ 하하하하!"

희망 고언 1
(자동차 바퀴 이탈 사고)

당시 기록이었던 사고 일지는 특정 '자동차사 정비 서비스'를 모함한다거나 불손한 목적이 없었으며, 결말에서도 알 수 있듯이, 이 사건으로 인한 보상, 답례, 성의 의사에 대해서도 일절 고사했음을 밝힌다.

사고 일지.

[사고 요지]
2006. 12. 13. (수) 오전 10시 10분, X 자동차를 운전하여 중부내륙 고속도로 김천→여주 방향 177km~178km 지점을 주행하다 운전석 뒷바퀴가 이탈하는 사고를 당했다.

[사고 과정]

- 고속도로 주행 중, 자동차 바퀴가 펑크 난 것처럼 흔들리는 느낌이 들어 갓길에 세웠다. (동승 중인 아버지도 함께 느낌)
- 펑크일까 하고 차에서 내려 둘러보았으나 아니었다.
- 왜 그랬을까 궁금해하면서 "아버지, 조금 더 가 보죠!"라고 한 뒤, 다시 차를 출발해 30여 미터쯤 갓길을 벗어나는 순간, 조금 전과 같은 진동이 수반되더니 갑자기 운전석 뒷바퀴가 이탈하여 내 차를 앞질러 굴러가 중앙 분리대에 추돌했다. 다행히 뒤따르는 자동차가 없어서 연쇄 사고는 피할 수 있었다. 더욱 다행인 것은 거짓말처럼 누군가 바퀴를 중앙 분리대에 기대어 놓은 것처럼 안착했다.
- 자동차는 뒷바퀴 하나를 잃고 주저앉았고, 균형을 잃은 차를 강제 발진해 갓길로 피해 정차했다.

따르릉! 따르르릉!

X 자동차 서비스 본사로 전화를 걸었다. 교환을 통해 어느 담당 부서에 연결되었다.

"감사합니다. X 자동차 서비스 □□□□ ○○○입니다."
"안녕하세요. 사장님한테 민원을 제기하려면 어디로 전화해야 하는지요?"

"아, 네. 무슨 일 때문에 그러시는지요?"

"제가 고속도로에서 황당한 사건을 겪었는데, 원인이 정비 불량으로 판단돼서 재발 방지를 요구하고 싶어서 그럽니다."

"아, 그러십니까. 그러시다면 관련 부서를 연결해 드리겠습니다."

따르릉!

"감사합니다. X 자동차 서비스 □□□□ ○○○입니다."

똑같은 질문과 답변이 반복되었다. 결국 대표 이사는 외유 중이므로 직접 연결은 안 된다고 했다. 이런 일로 관련사 꼭두쇠와 통화가 가능할 거라고는 생각지도 않았지만, 이렇게라도 해서 사건의 심각성을 전달하고 싶었다. 결국 본사 총괄 서비스 센터장하고 통화가 되었다. 당시 사고 상황과 수습 과정, 상세한 사고 일지를 접수하였다.

다시 사고 일지.

> **[위험천만]**
> • 어떻게 이런 일이 일어나게 된 것인지. 불과 얼마 전 뉴스에서 봤던, 달리던 차에서 바퀴가 빠져 인명 사고가 났다는 사건이 내게 현실이 된 것이었다. 춤을 추듯 흔들리며 내 눈앞을 가로

질러 굴러가던 바퀴를 바라보면서 반사적으로 핸들을 꽉 잡아야 한다는 생각과 갓길로 차를 몰아서 뒤차의 안전을 고려해야 한다는 생각이 뒤범벅되는 위험천만한 상황이었다.
- 상황을 즉각 알아차리지 못하고 더 빨리 질주했더라면 어떻게 됐을까. 그나마 갓길에 세웠다가 다시 출발하면서 속도가 나지 않았던 것이 불행 중 다행이었다.

[사고 수습]
- 마음을 가라앉히고 보험사 출동 서비스를 요청했다.
  (10시 14분)
- 주행 중인 차량에 안전 신호를 보내며, 출동 서비스가 도착하길 기다렸다. 몹시 추웠다.
- 차량 소통이 뜸한 틈을 이용해 운전사 본인이 중앙 분리대에 기대어 있던 바퀴를 굴려서 가져왔다. 바퀴가 통째로 빠진 것이어서 휠 무게 중심의 불균형으로 도로 한가운데서 두 번 넘어졌다.

[정황/경과]
- 어째서 바퀴가 빠진 걸까. 굴려 나온 바퀴를 살펴보았다. 역시 펑크는 아니었다. 휠 볼트도 견고하게 잘 체결되어 있었다. 브레이크 드럼이 바퀴에 부착된 채로 통째로 이탈된 것을 확인했다.

- 5분쯤 후, 지나가던 H 보험사 출동 서비스 기사가 섰다. 그가 분리된 바퀴와 차체를 살펴보았다. 기사 왈. "와, 어째 이게 부러졌대요. 이런 건 처음 봅니다." 어쨌든 출동 서비스는 연락했느냐 등 이것저것 수습 과정을 챙겨 주고는, 뒷바퀴가 빠져서 차체로 실어 갈 수 있는 레커차가 와야 할 거라고 하였다.
- 얼마 후 지나가던 도로공사 순찰차가 섰다. 역시 상황을 살펴보고는 몇 가지를 물어 자신들 일지에 기록했다. '큰일 날 뻔했다. 안전띠는 맸느냐. 신고는 했느냐. 2차 사고가 나지 않은 게 천만다행이다. 2차 사고가 나면 사고 책임이 원인 자동차 운전자에게 있다.' 등등 말끝에, '내가 원인 운전자인데 그럼 내가 죽었다면 그 책임은 누구에게 묻나?'라고 되묻고 있었다. 그는 빨강 고깔 하나를 세워 주고 떠났다.
- 문경읍 소재 보험 출동 서비스 K 기사와 통화가 됐다. K 씨의 레커차와 더 큰 레커차가 함께 도착했다. 사고 상황을 둘러본 K 기사 왈. "와, 이런 건 처음 본대이. 우찌 이기 뿌아지노?" 하는 얘기뿐, 영문을 알 수 없었다.
- 우여곡절 끝에 사고 차량을 싣고 '연풍TG'를 유턴해 '문경새재TG'로 진출했다.

[이동 중 출동 서비스 K 기사와의 대화]

"너클 하부에 보면 베어링이 있는데, 베어링을 너무 씨게 쪼은 거 아인가 싶습더."

"베어링요?"

(어쩌고저쩌고)

"베어링을 어느 정도 느슨하게 쪼아서 유격을 둬야 합니더. 유격을 둔다고 빠지는 기 아입니더. 그런데 그걸 너무 씨게 쪼아놔서 그런 것 같심더. 그라모 마찰열이 발생하고…, 그라니까 지가 뿌아지지 배깁니꺼?"

"느슨하게 조이면 헐렁거리거나 빠지지 않나요? 닦고, 조이고, 기름치고. 상식적으로 세게 조여야…."

"씨게 쪼을 기 있고 놔둘 기 있제. 베어링에 핀이 있기때문에 빠질 수가 없심더."

"대충 이해가 되네요. 수리하는 데 얼마나 걸릴까요?"

"아마도 오늘은 어렵지 싶심더. 시내 다 디지 봐야 그 부품('너클 하부'라 했다) 구할 수가 없을 김더. 수요가 있시야 갖다 놓을 긴데, 그기 뿌아지는 기 아이라서."

고마운 K 기사. 차량을 싣고 이동하면서 또 여기저기 수소문해 주었다.

"오야! 잘 있제? 요즘 잘되나? 오야! 니 그 너클 하부 알제? △△△ 뒤바꾸 너클 하부가 뿌아졌다. 시내에는 없을 끼고, 폐차장 ○○ 행님한테 전화해 놨다. 있다 케서 구해 놨으니까네 니 가서 좀 가져온나. 오야 오야! 한 20분 걸릴 끼다. 오야! 이따 보제이!"

K 기사는 이동 중에 문경 폐차장 사장까지 동원해서 천금 같은 부품을 수배해 주었다. 눈앞에 나타난 폐차장표 '△△△ 차량 너클 하부'. 너클 하부라는 게 그냥 통마리 쇠였다. 한 덩어리의 통 쇠.

다시 사고 일지.

[M 카센터 도착/수리]
- M 카센터 사장 역시 분리된 바퀴를 살펴보더니, "이기 으째 부러졌데?"라며 황당해했다.
- 긴급 공수된 중고 너클 하부를 교체했다. 수리는 믿기지 않을 정도로 아주 쉽게 진행되었다. 바퀴에서 브레이크 드럼을 분리했다. 부러졌다는 부위를 살펴보았다. 카센터 사장 왈 "역시 베어링을 씨게 쪼았네!" 했다. K 기사는 자기 판단이 맞았다고 했다. 나는 못쓰게 망가진 해당 부속을 트렁크에 실었다. 당장 가지고 가서 따지고 싶은 화가 머리끝까지 올라왔다. 수리가 끝나 갈 무렵 K 기사가 말했다.

> "이 부속 가지고 가믄 어느 정비사한테 물어봐도 금방 알아볼 낌더. 이기 뿌아지는 기 아임니더. 어이, ○ 사장! 반대쪽도 열어 보래. 그 짝도 이짝하고 같을 끼다."
>
> 반대쪽 바퀴도 열어 보았다.
>
> "맞네, 너무 씨게 좠쓰. 안쪽엔 구리스가 좀 있는데, 바깥쪽은 구리스도 안친 것 같애."
>
> 나는 너무 황당했다.
>
> "나는 차량 정비는 X 자동차 서비스밖에 안 갑니다. 거기서 했는데 어떻게 이런 일이 일어나나요?"
> "X 서비스고 뭐고 누가 정비를 했느냐가 문젭니더. 숙련공이냐, 신삥이냐. 여기 사장도 ○○ 정비 공장에서 일하다 나와서 잘 알 낀데."

김포에서 볼 일을 마치고 돌아와 사고 일지를 작성했다. 다시 그때 상황을 떠올리니 황당하고 화가 나서 그냥 넘어갈 수가 없었다. 한편 생각했다. 그렇지만 얼마나 다행인가. 나도, 아버지도 다치지 않고 무사했다. 더 분노하지 않기로 했다. 다만, 이 사실을 해당 자동차 서비스(정비소)에 알려서 같은 일이 재발하지 않도록 해야 한다고 판단했다.

사고 일지 마무리.

> **[X 자동차 서비스 대표에 대한 고언]**
> - 우선 사고 원인이나 경위야 어떻든 매우 위험하게 전개될 수 있었던 사고가, 나와 아버님은 물론 뒤따르던 차를 포함해 연쇄 사고와 인명 피해가 없었다는 점을 다행으로 생각합니다.
> - 지난 4월과 불과 며칠 전 뉴스에서와 같이 달리던 차에서 바퀴가 빠져 일어난 사고는 인재이며 정비 불량이라고 알려졌습니다.
> - 이번에 내게 일어난 사고 역시 정비사의 미숙함과 경험이 문제의 원인이겠지만, 철저한 수리 과정이 보장되지 않는 정비 체계와 정확한 진단과 완벽하지 못한 수리 과정에 있다고 봅니다. 숙련 정비사와 비숙련 정비사의 역할 분담도 문제라고 생각됩니다. 비숙련 정비사가 다루게 되는 단순 정비일수록 더욱 안전하고 완벽한 정비가 이루어질 수 있도록 시스템을 갖추어야 합니다.
> - 고객들은 해당 자동차 브랜드의 정비 서비스를 우선 신뢰합니다. 나도 그래 왔습니다. 그런데 신뢰가 기반이 되어야 할 곳에서 행한 정비가 불량으로 확인되고 그로 인해 운전자의 생명이 위태롭게 된다면 무서운 이야기입니다.
> - 더는 유사한 사례가 발생하면 안 됩니다. 전 사 차원에서 대책을 마련하셔야 합니다. 자칫 소홀할 수 있는 경정비도 정성과 정확한 수리가 보장되도록 해 주십시오.

> 특히 정비 경험이 부족한 정비사의 정비 과정을 숙련 정비사가 다시 챙기는 절차와 역할이 매우 중요합니다. 제도적 장치를 마련해야 합니다.
> - X 자동차 서비스 대표와 임직원 여러분! 우리나라에서 일어나는 많은 사고 중 안전사고 불감증으로 일어난 수많은 사건을 기억합시다. 자동차는 곧 생명입니다. 의사가 생명을 담보로 집도하는 수술과 같이 자동차 또한 생명체라고 생각하시고 완벽을 추구해 주십시오.
> - 본인은 지난 5월 4일(차량 번호: ×× ○○-○○○○). **시 X 자동차 서비스에서 승용차 뒷바퀴 브레이크 드럼을 교환하는 서비스를 받았습니다.

며칠 후, X 자동차 서비스 ○○ 지역 본부 총괄센터장이 전화해 왔다. 다음 날 총괄센터장, 정비기술사, 내 차량을 정비했던 정비소 소장이 나의 직장으로 찾아왔다. 커피숍에서 차를 대접했다. 그날 이야기를 한바탕 다시 쏟아 냈다. 안녕히 가시라 했다.

희망 고언 2
(맛있게 먹고 싶습니다)

저의 소견이 점주분에게 어떻게 전달될지, 한편 주방에 계신 분들이 혹시 마음 상할까 싶기도 합니다만, 한 번쯤 함께 고민할 문제라고 생각되어 제언하기로 했습니다.

1.
귀 병원에 입원 중인 환자의 보호자로서 매 끼니 식사는 일반 식당을 이용했습니다. 보호자 역할이 지속되면서 식당에 준비된 여러 가지 음식을 번갈아 가며 먹게 됩니다. 그날은 중식인 '짬뽕'을 주문했습니다.

아시다시피 주방은 허리 높이로 개방된 구조라서 주문자가 조리 과정을 볼 수 있고, 바로 저것이 내가 주문한 음식임을 짐작할 수 있습니다. 그날은 다른 메뉴에 비해 주문량이 많지 않았던 요리를 주문했던 것이고, 주방에 한 분 계시는 남성분으로부터 시작됐습니다.

 그분은 국자를 사용해 조리했습니다. 조리 말미에 국자로 국물을 조금 떠 본인 입으로 가져갔습니다. 간이 안 맞는다고 생각했는지 다른 첨가물을 두어 번 더 옮겨 넣고는 반복해서 국자로 간을 봤습니다. 요즘 TV에서도 많이 볼 수 있습니다만 조리사는 따로 준비한 다른 작은 용기에 국물을 담아 간을 보는 장면을 볼 수 있습니다. 그런데 조리 중인 국자로 직접 간을 보는 모습을 보고 아쉬움이 남았습니다.

 한참이 지난 어느 날. 다시 들른 식당에서 그때 그분은 조리 중 국물을 작은 용기에 담아 간을 보았습니다. 원래 그렇게 하는 분이었습니다.

 손님들에게 공개된 주방은 나름대로 이유가 있다고 생각합니다. 바쁜 시간 속에서 다양한 음식을 만들어 내야 하는 점은 이해가 가지만, 개방된 공간이라면 신경 쓸 부분이라고 생각됩니다.

2.
 손님이 많은 바쁜 점심시간이었습니다. 나 역시 시간을 다투는 상황이어서 될 수 있으면 빨리 준비되는 식사가 좋겠다고 생각해 비빔밥을 주문했습니다. 여느 때처럼 바쁘게 돌아가는 주방을 바라보면서 또다시 느끼게 된 아쉬움.

내 눈은 주방에 있는 분들의 바쁜 손놀림을 따라다녔습니다. 모든 분이 손가락까지 붙는 노란색 고무장갑을 끼고 일을 합니다. 그런데 당신들 손으로 국자를 집었다가, 가스레인지에 불을 붙이고, 불 조절도 하고, 주문서가 들어오면 손가락으로 집어 확인하고, 쟁반을 놓고, 김치 단무지 등 반찬을 담아내고, 숟가락과 젓가락을 세팅하고, 집게로 뚝배기를 집어내 쟁반 위에 놓고, 손가락으로 주문 번호를 찍습니다.

"딩동! ○○번 손님. 음식 나왔습니다!"

다시 개수대로 가서 그릇을 씻고, 물기를 털고, 행주를 사용해서 주방 여기저기를 닦습니다. 다시 앞으로 나와서 비빔밥 주문서를 보고는 나물류 이것저것을 손가락을 이용해 집어서 담습니다. 좀 많이 잡히면 덜어 내고, 적게 잡히면 더 집고 하면서요. 그리고 다른 주문서를 들어 확인하고, 다시 쟁반을 올리고, 가스레인지에 불을 붙이고, 개수대에서 그릇을 씻고, 행주를 들고 여기저기를 닦고, 다시 돌아와 똑같이 반찬을 세팅하고, 주문 번호를 검지로 누릅니다. 그리고 같은 방법으로 비빔밥 나물 여럿을 손가락으로 집었다가 덜었다가 합니다.

노란색 고무장갑이 너무 많은 일을 합니다.
반찬류, 나물류는 집게를 사용하면 좋겠습니다. 용도마다 비닐장갑을 덧끼우고 사용할 수도 있겠습니다.

언어의 온도
(권책 - 《언어의 온도》 이기주 작)

　제목을 보자마자 내 안에 내재된 감성이 꽃향기처럼 올라왔다. 어떤 내용의 글일 거라고 짐작할 수 있다 하더라도 이렇듯 아름다운 고운 말이 예쁘게 담긴 이야기 그릇은 정말 좋다. 나이가 들수록 감성에 대한 갈증이 못내 아쉬운데, 담뿍 진미를 담은 따듯한 말 그릇 하나가 내 손으로 굴러들었다.

　태어남과 죽음. 하루하루 깨었다가 잠듦의 반복 속에서 나, 너, 우리는 무엇을 어떻게 어떤 무게와 부피로 살아가는 것일까. 이즈음 나의 물음에 생동감을 준 이기주 작가가 참 고맙다. 사람은 본래 아름답다? 내게는 그랬거니와 한편은 아니었다. 그랬거나 아니거나의 주기가 변덕스럽던 시절이 있었다. 바쁘고 지쳐 삶의 무게에 눌려 무기력하던 때 방어 기제로 남발하던 차가운 언어가 내게도 있었다.

문체가 간결하고 소박하다. 어려운 말이 아닌 평범한 글말이 담백하게 엉겨 몽실몽실하다. 군더더기도 없다. 짤막한 문장이 끊어질 듯 부드럽게 이어지고 짧은 콘티처럼 연상할 수 있고 함축적이다.

책장이 넘어갈 듯 살랑이는 바람이 불던 날, 따뜻한 가을 햇살 속에서 읽는 내내 기분 좋은 기운이 소담스럽게 쌓여 갔다. 한 장 한 장 넘길 때마다 예쁜 꽃이 피어나고 색동 팔랑개비가 도는 느낌이었다. 이 책은 어쩌면 많은 밤을 보태고 보태면서 내 머리맡에서 당분간 떠나지 않을 듯하다.

언어가 지닌 온도는 그 자체로서 따듯함과 차가움은 아닐 것이다. 언어를 품고 말하는 이가 지닌 감성에 따라 달라질 것이라는 데 부연하고 싶다. 언어는 들려오는 감성보다 말하는 감성이 더 중요함을 새삼 깨닫는다. 읽어 보시기를 권해 드린다.

노부부의 모습에 가슴 한쪽이 아릿해졌다. …… 상대보다 앞서 걸으며 손목을 끌어당기는 사랑도 가치가 있지만, 한 발 한 발 보조를 맞춰가며 뒤에서 따라가는 사랑이야말로 애틋하기 그지없다고…….
(이기주 작-《언어의 온도》 중)

필사
(권책 - 《우리의 정류장과 필사의 밤》 김이설 작)

막 거뭇한 수염이 나던 시절, 한참 시를 썼다. 그냥 쓰는 게 좋았다. 국어책에 나오는 현대 시를 보면서 나도 이쯤은 쓸 수 있다고 자만했다. 자만 맞다. 나는 내가 별로 좋아하지 않던 고등학교 수학 선생님 결혼 축시를 써서 반 아이들과 함께 낭독해 준 적이 있다.

우리 학교는 높은 동산 마루에 있었다. 멀지 않은 곳에 바다가 내려다보였고, 안개가 낀 날이면 학교 밑은 아무것도 보이지 않았다. 안개가 묻어 버린 바다, 배, 마을과 길을 상상했다. 바다는 한 번씩 호수였다가 냇물처럼 작아져 보였고, 마을은 하체를 잃은 키다리 빌딩처럼 나타났다가 간이역이 달린 작은 마을이 되기도 했다. 머릿속에 떠오른 무형이 글의 형상으로 옮겨졌다.

한때 소설가, 시인, 연극/영화 연출가, 미술가 등 예술 활동을 하는 그들은 자기 작품을 준비할 때나 실제로 작품에 정진할 때, 어떤 과정을 보낼까 궁금했다. 소설가는 이야기 마법사처럼 떠오르는 대로 쉼 없이 쓰며 작품을 만드는 걸까. 소설보다 짧기는 하다지만 시인도 요술 방망이처럼 시상이 떠오를 때마다 한 편씩 뚝딱 만들어 내는 걸까. 누구는 순간 악상이 떠올라 몇 분 만에 곡을 썼다는 얘길 들은 적도 있다. 또 영화는 시나리오, 영상, 음향까지 동원되는 긴 여정일 텐데 이 과정은 어떻게 조율될까 궁금했다. 한동안 유명 연극 연출가와 연이 닿았다. 그의 작품이 좋아서 참 열심히 보러 다녔다. 나는 그가 연출하는 장면을 밤이 새도록 지켜보았다. 그저 궁금해서였는데 한편 실망감도 있었다.

필사의 밤? 제목에 끌려 단편 소설 한 편을 읽었다. '필사'라는 말이 제목에 걸렸다. 베껴 쓴다는 말로 바꿔 쓸 수 있겠는데, 왜 베껴 쓴다는 것인지 궁금했다.

작품 속의 '나'는 시인이 되고 싶다. 좁은 집에서 동생, 아버지, 어머니, 어린 조카들까지 챙기며 전업주부처럼 산다. 대책 없이 집안으로 불러들인 동생 가족들에 대한 책임감 때문에 자신이 쓰던 방까지 내어 주고, 본인의 시를 준비하며 다른 시인의 시를 베껴 쓰는 나날을 반복한다.

시즌 베스트셀러를 찾아 읽었다. 이런 장르의 소설은 비슷한 걸까. 역시 꽉 채워지는 느낌을 주지 않는다. 여운과 부족한 듯 흐릿한 결말은 독자 몫으로 남겼다.

시인이 되기 위한 준비를 하면서 자기가 좋아하는 다른 이의 시를 필사하는 글 속 주인공과 이에 대한 작가의 감정을 헤아려 보았다. 정류장처럼 누구에게나 있을 법한 과정, 누구에게는 현실인 과정들이 있다. 나에게도 지나온 과정이 정류장처럼 스친다. 오랫동안 시를 놓고 있었다. 곧 완성될 나의 작업실에서 나도 내가 좋아하는 시를 찾아서 필사해 볼까.

詩

… 살아진다

삶은,
그저 잡을 수 없는 시간을 임의로 늘려 정한 무형(無形)
삶은,
그저 살아 있음에 대한 의미를 억지로 표현한 정해(正解)
삶은,
그저 내일도 오늘처럼 이어질 거라는 황당무계한 믿음(信賴)

삶은,
순간순간 이어지는 연속(連續)의 무형(無形)
삶은,
순간순간 이어지는 무형의 말(言)과 그림(画)

삶은,
순간의 연속에
잠시 나타났다 사라지는 이야기 그림
잡아 둘 수 없는 이야기 그림

그러나 삶은,
살아야 느껴지는 것
살아진다

··· 이어 짓다

나무집 짓다
나무집은 엄마 뜨개실 같다
한 땀 오라기 엮듯
선으로 면으로 매듭짓고
떼어지지 않게 묶어
나무집 짓다

나무집 엮다
나무집은 엄마 뜨개실 같다
아랫실 고리 윗실 걸고
밑나무 우에 웃나무 꼬아
헤어지지 않게
나무집 엮다

엄마 뜨개실 품속 들고파
윗실 밑나무 아랫실 웃나무 동여
떨어지지 않게 껴안고 선

나무집 살다
나무집은 엄마가 짜 준 스웨터
향나무 털실로 따숩게 지은 집
엄마와 같이 살다

… 알아요

영원이란 말 알아요
영원이란 없다는 것 알아요
영원은 올지 안 올지 모르는 앞날 허상일 뿐
난 허상을 좇아 사는 섭섭이에요

영원이란 순간이 이어져 비롯되는 것
찰나를 이어 얻는 궁극의 것
영원히 산다는 건,
이 찰나를 살아 내는 것

난 알아요

··· 겨울 거울

다시 계절을 보내는 숨
다시 계절을 부르는 숨

잠시 숨을 멈춘 건
자꾸만 사라지는 너 때문이야
내가 살아가는 이유 너 때문인 걸

그렇지만 다음 숨은
순간 사라지는 아쉬움이 아니고
끝없이 이어 가고픈 영원의 숨이야

사랑해!!
행복해!!
내가 존재하는 건 네가 있기 때문인 걸

··· 새날

매일 새롭게 깨어남을 감사해야지
내가 잠시 잠들었던 우주의 시간 속에서
끊임없이 움트며 태동했을
나 이외의 생명들에 감사하며
다시 깨어나야지

매일 새롭게 태어남을 감사해야지
갈등과 번민을 반복했던 무한 시간 속에서
끊임없이 움트며 태동했을
나 이외의 생명들에 감사하며
다시 태어나야지

아, 나의 생명은
그저 무한 우주의 작은 점
덧없는 흐름도 아니며
정처 없는 고뇌도 아니다

나는,
끊임없이 움트며 태동하는 나 이외의 생명들에
감사하며 다시 살아나,
미안하지 않게 다시 새날을 맞아야지

⋯ 길

잔걸음 종종걸음
어제 달은 왼편에 섰고
오늘 해는 오른편에 섰다

달은 임의 고됨
해는 임의 사랑

내 마음에도 늘 뜨고 지고
고됨도 사랑도 임을 닮았다

그 길엔
눈 감아도
달님 해님이 놓은 그림 밟을 수 있다

··· 꽃

꽃,
그대는
내 마음에 숨은 약속

꽃!
그대는
내 마음에 뛰는 희망

꽃!!
그대는
내 마음에 피는 사랑

햇살 가득
눈부신 4월의
망울 방울

··· 애원

어제 말 지우고 다시 말할게요
내게서 뱉어진 나쁜 말,
당신에게 상처 됐던 그 말 지울게요
다시 고운 말 담아
당신 사랑했던 크기보다 더 크게 말할게요

어제 생각 지우고 다시 생각할게요
내게서 불어난 나쁜 생각,
당신에게 상처 됐던 그 생각 지울게요
다시 예쁜 생각 지어내
당신 사랑했던 넓이보다 더 넓게 드리울게요

어제 나를 잊어 주세요
당신 사랑했던 내 맘 얼마만큼인지 기억해 주세요
약속해요
약속할게요

⋯ 시간

시곗바늘 빙그르르 제자리 오듯
우리 삶도 곧은 선이 아님을 알지니
그렇게 한 번씩 빙그르르 제자리로 오는 것

오랜만의 자리는 새로워야 해서
지난 시간 톺아보다
새 시간을 넘네

지금 자리 촌각임을 알고
허둥허둥 앞뒤를 번갈다
새날 속에 드네

빙그르르

··· 詩 - 怒

시는,
젖가슴보다 아래
더 아래
내가 먹은 음식이
무언지 알 수 없을 때
나도 모르게
구역질 따라
나오는 시큼한 물을
닮았다

시는,
은수자처럼
숨어서 불을 지르고
아닌 듯 긴 듯
비애가 긴장할 때
나도 모르게
구역질 따라
나오는 거품 속 공기를
닮았다

시는,
한 번도 말하지 못한 말을
하고 싶을 때
그때를 놓쳤다고 놀라
아! 하면서
해어진 껌 종이에
침을 발라
눌러쓴 단어를
닮았다

시는,
숨으려 해서 싫다
'왜 그렇게 썼어'라고 물어서
싫다

··· 詩 - 愛

시는,
가슴 깊이
더 깊숙이
내게 머문 사랑이
무언지 알았을 때
나도 몰래
피어나는 꽃을
닮았다

시는,
꽃저럼
수줍게 숨어 볼살을 접고
아닌 듯 긴 듯
소망으로 피어날 때
햇살 따라
피어나는 백합을
닮았다

시는,
한 번도 말하지 못한 말을
하고 싶을 때

그때를 놓쳤다고 놀라
아! 하면서
말없이 두 손 모아
눈 감고 읽는
기도를 닮았다

시는,
숨으려 해서 싫다
'왜 말하지 않았어'라고 물을까 봐
부끄럽다

··· 애니버서리

MVL 21시
아내와 딸과
여수의 노래가 열렸다

여수 밤바다!

여수는 바다 소리를 내다
밤 그림이 되었다
두 사람 눈에 진주로 걸렸다

추억이 여수의 밤을 탄다
지금,
축복의 술잔처럼 기울였던
그날,
사랑의 인사

술 빛이 아내 입술을 닮았다
아내와 딸, 여수
사랑이다

⋯ 벚꽃이 사랑한 나

나,
점(點)에서 나와
너를 보았어

나 보고 웃는 너
나도 웃었어

나,
네 입술에
어깨가 떨려 와

네가 좋아 너무 좋아
안기고 싶은데

넌 왜
돌아앉아 우는지

나,
이제 양손 접어
너에게 날아가

··· 당신의 생일을 축하합니다

내가 좋아하는
내가 사랑하는
내가 존경하는
그런 사람, 당신!

없어도
싫어도
미워도 안 되는
당신 사람, 나!

좋은 꿈
좋은 생각
좋은 마음 보듬는 사람
당신과 나!

오늘도 부르는 노랫말
당신에게 부르는 노랫말

축하해요 사랑해요 행복해요

⋯ 소래 가는 길

솔바람 품은 플라타너스
어둠이 머금다 내인
달무리 따라
꼬부랑 언덕 다섯 넘으면
오봉산 골짜기 친구 집이 있었죠
가쁘게 달음 한 마지막 정거장
막차 떠난 석바위 네온 불 하나, 둘 꺼질 때
우리,
허탈한 웃음으로 이야기했죠
가자, 걷자,
밤이 새도록 걷자
소래 가는 길!
친구 집 가는 길 이야긴 이렇게 시작되죠

밤새 우는 길,
소쩍새였을 거라 생각됩니다
어디가 끝인지
그저 끝을 향해
걷고 또 걷다가 밤하늘을 보았죠

너, 나, 이 별, 저 별, 우리들 마음은 카시오페아

별자리 사연도 모른 채
검정 교복 다섯 단추를 세다,
밤하늘 혼연한 다섯 별을 보다

우정 하나, 사랑 다섯
그때부터 우린 카시오페아라 불렸죠

뱁새, 풀떡, 먹통, 곰상, 막둥이 별
우리의 밤은
우정이고 사랑이었죠
그 길이 얼마나 멀었는지 이제 알 것 같아요
우린 늘 그렇게 친구 집에 갔죠
소래 가는 길 이야긴 이렇게 시작됐죠

박정희 대통령이 서거한 다음 날, 성당에 갔다.
고1 겨울에 만난 다섯 친구.
'카시오페아'라 불리며 기타를 치고 노래를 불렀다.
교복을 입고 'CASA'라는 레스토랑에서 노래를 불렀다.
교회 예술제 찬조 출연을 다녔다.
천주교 인천교구 '팍스제(고등학생예술경연대회)'에서 대상을 받았다.

… 호수에

별이 내렸습니다
무수한 별이 내렸습니다
억겁 하늘이
금싸라기로 잘게 부수어 쏟아부었습니다

호수는
하늘땅을 비집어
물 보자기를 두르고,
어제를 시새며 너울집니다

한 사람,
아픔에 저린 눈물로
가치 잃은 사랑의 각질을 보듬다니
미명에 놀란 솔잎 하나
금빛 물가로 떨어집니다

서른쯤, 학교 신문사에서 지면이 남는다며
바쁘게 시 한 도막을 요청해 왔다.
숙직하던 날 새벽, 졸지에 적었다.

··· BIGBELL@POSTECH.AC.KR

창에
달이 앉았다
네 얼굴 따라올라
손을 짚었다

봄,
여름, 가을
우린 신나게 달렸지
바로 여기라던 원두막에 누워
우리 맺어진 날을 헤었지

하지만,
마지막 겨울
네 시계 멈추고
내 시간도 멈췄다

기억이 아파서
가슴이 운다
사계를 돌아
꿈같은 두 바퀴 여행 마치고
나, 시린 겨울 창에 묶여 있다

기억이 아픈데
달이 웃는다
가만히 손을 짚다
네 시계 돌아본다

'BIGBELL@…'은 이제 세상에 없는 주소다.
그의 사고는 내게 큰 고통이었다.
많이 울었다.
그가 떠난 빈자리, 나 아직 그 자리에 있다.